贸易自由化、市场化与资源配置

范冬梅 / 著

企业管理出版社
ENTERPRISE MANAGEMENT PUBLISHING HOUSE

图书在版编目（CIP）数据

贸易自由化、市场化与资源配置/范冬梅著. —北京：企业管理出版社，2023.3
ISBN 978-7-5164-2699-9

Ⅰ.①贸…　Ⅱ.①范…　Ⅲ.①自由贸易-研究②贸易市场-研究　Ⅳ.①F741.2②F713.58

中国版本图书馆 CIP 数据核字（2022）第 163208 号

书　　名：贸易自由化、市场化与资源配置
书　　号：ISBN 978-7-5164-2699-9
作　　者：范冬梅
责任编辑：徐金凤　宋可力
出版发行：企业管理出版社
经　　销：新华书店
地　　址：北京市海淀区紫竹院南路 17 号　　邮　　编：100048
网　　址：http://www.emph.cn　　电子信箱：emph001@163.com
电　　话：编辑部（010）68701638　　发行部（010）68701816
印　　刷：三河市荣展印务有限公司
版　　次：2023 年 3 月第 1 版
印　　次：2023 年 3 月第 1 次印刷
开　　本：710mm×1000mm　1/16
印　　张：12.25 印张
字　　数：189 千字
定　　价：88.00 元

前　言

改革和开放的双轮驱动，为中国改革开放以来40多年的快速发展提供了核心动力来源。在实践中，“以开放促改革”被认为是中国经济实现腾飞的重要经验，也成为中国特色经济发展模式的核心路径之一。在40多年的改革开放过程中，正是因为一系列的对外开放标志性政策和关键性事件，直接或间接地推动了中国经济的改革和发展。以市场化改革为方向的经济转型又极大地焕发了经济主体的活力与创造力，给中国带来了举世瞩目的经济成就。在准确测度中国制造业行业资源配置效率的基础上，剖析中国对内改革和对外开放对资源配置效率的交互影响，不仅有利于深刻理解和把握中国改革开放的成效，也为当前经济体制改革提供一定的借鉴。

本书首先对市场化改革、贸易自由化与资源配置效率这三个方面的文献进行归纳与整理，发现现有文献的不足，以寻找相关分析的理论与经验基础。其次，本书以企业异质性贸易理论Melitz（2003）模型为基础，假定市场不完全，在异质性企业的生产函数中纳入一个扭曲锲子，该扭曲参数是市场化改革的一个递减函数。基于异质性企业贸易理论框架，本书分别系统地讨论了市场化改革在封闭情形、最终品贸易自由化情形与中间品贸易自由化情形下，对企业生产和研发行为、行业总体生产率及部门间生产率差异的影响，进而揭示出市场化改革和贸易自由化协同影响资源配置效率的微观机制。在此基础上得到待检验的理论假说，成为本书实证检验的理论依据。再次，本书进一步区分了贸易自由化与市场化改革对资源配置效率的协同影响及作用机制。此外，本书还强调了中国渐进式的改革开放模式带来的贸易自由化效应与市场化进程在地区间的不均衡性对资源配置效率的异质性影响。最后，本书运用了数值模拟分析方法，模拟量化理论假说，并度量相关的福利影响效应。

基于这一研究思路，本书的结构安排如下。

导论部分简要地介绍贸易自由化、市场化与资源配置的研究背景与意义、研究思路与研究内容、主要研究方法及创新与不足。

第一章是有关贸易自由化、市场化改革与资源配置效率的文献综述。第二章是本书的理论基础，通过拓展异质性企业贸易模型，刻画出市场化与贸易自由化影响企业间资源配置效率的路径。第三章是应用 Foster 等（2016）的方法，重新测度了中国制造业行业的资源配置效率。第四章以 1999—2013 年中国工业企业数据库为样本，检验最终品贸易自由化与市场化改革对制造业部门资源配置效率的影响。第五章是以中国加入世界贸易组织（WTO）这一事件作为准自然实验，选用倍差法分析区域间非对称的贸易自由化效应是如何影响区域层面的资源配置效率的。第六章利用数值模拟方法，评估市场化改革对消费者福利及细分组成部分的影响。第七章归纳主要研究结论及政策建议，并对下一步研究进行展望。

本书得出的主要研究结论如下。

第一，在最终品贸易自由化情形下，理论推导得到：最终品贸易自由化与市场化改革均提高了企业进入国内市场的临界生产率。最终品贸易自由化通过提升企业进入国内市场的临界生产率，强化了市场化改革对企业间 TFPR（企业收益生产率）离散度的负向影响。但是，市场化改革通过提升出口市场的临界生产率，削弱了最终品贸易自由化缩小出口与非出口企业间生产率差异的效应。中国制造业 1999—2013 年企业微观数据的估计结果表明，市场化改革对企业间资源配置效率具有显著的正向影响，却弱化了最终品贸易自由化降低 TFPR 离散度的效应。最终品贸易自由化不仅直接改善了资源配置效率，而且强化了市场化改革对资源配置效率的提升作用。基于不同的生产率测度方法和去除异常值的回归显示，主要结果依然是稳健的。影响机制分析表明，最终品关税下降与市场化改革，通过影响“临界生产率”和“出口与非出口企业间生产率差异”这两个渠道，显著提升了企业间的资源再配置效率。

第二，通过构建地区层面中间品贸易自由化指标，以中国加入WTO作为准自然实验，采用倍差法的估计结果表明，中间品贸易自由化与市场化改革在配置资源方面的互补性更强。中间品贸易自由化为最终品部门企业生产节约了成本，并带来多样化的优质要素，有利于促进生产率较高企业的生产扩张和研发活动，缩小了高技术、低技术企业间的生产率差异，这一效应在市场化程度高的地区效果愈加显著。影响机制分析表明，中间投入品关税削减与市场化改革协同提升了生产率较高企业进入、退出市场的概率，加速了有限要素资源在企业间的调整，激励了企业从事研发活动，提升了企业投入要素的边际产品价值，并降低了企业间投入要素的边际产品价值离散度，从而达到优化资源配置效率的效果。

第三，在两国对称且存在市场扭曲的模型假设下，通过数值模拟分析得到：市场化改革对国内市场临界生产率的提升效应大于对出口市场临界生产率的影响效应，降低了出口与非出口部门间的生产率差异，优化了资源配置效率。此外，在国内市场存在扭曲时，贸易自由化并不能有效缓解扭曲的局面，而国内市场化改革能够提升消费者福利至无扭曲情形。不过，处于开放情形的市场化程度深化带来的消费者福利的改善幅度大于封闭情形。这说明，对于提高消费者福利而言，中国对内改革与对外开放是相辅相成的。最后，通过对消费者福利进行分解发现，市场化改革会提升国内的人均产出，降低产品种类效应与产品差异化程度，但对贸易条件并不产生直接影响。

基于以上的主要结论，得到的主要政策建议包含以下三个部分。

一是大力推进国内市场化改革，充分发挥市场在资源配置中的决定性作用，统筹区域市场化改革的协调发展。从总体上看，市场化改革有利于减弱市场扭曲的程度，改善企业层面的资源再配置效率，提升总体生产率水平，将消费者福利提升至开放应有的获利水平。因此，大力推进国内市场化改革，减弱市场扭曲程度，实现有限资源在企业间的自由流动，仍然是提升生产率水平的重要措施。

二是继续深化贸易自由化改革。与众多研究结果一致，本书发现，最终品贸易自由化带来的竞争效应促进了企业的更替，缩小了出口与非出口部门间的生产率差异，优化了市场的资源配置效率。中间品贸易自由化为企业进口中间投入要素提供了便利，不仅节约了企业的生产成本，而且带来了投入要素种类范围的扩大和质量的提升，有助于激励企业从事研发创新，提升总体生产率水平。继续深化贸易自由化无疑是推动中国经济发展的重要源泉。值得强调的是，不同贸易自由化形式引致的资源配置效应存在差异，导致其与市场化改革协同后配置市场资源的总效应也存在差异：市场化改革削弱了最终品贸易自由化配置资源效率的效应，却强化了中间品关税减让配置资源的效应。因此，在不同地区，因地制宜地结合不同贸易自由化形式与国内市场化改革政策，可能将最大限度地优化资源配置效率，提升中国制造业企业的生产率。

三是统筹对内市场化改革与对外贸易自由化，最大化实现贸易自由化引致的贸易利益。在配置资源效率方面，市场化改革与贸易自由化既存在替代性，也存在互补性。一方面，市场化改革与贸易自由化对企业进入国内市场的生产率临界值具有提升作用，从而相互放大了各自优化资源配置的效应。另一方面，市场化改革同时也提升了企业进入出口市场或从事研发创新活动的生产率临界值。因此，在配置资源效率时，应注意扬长避短，并辅以其他政策。例如，在出口市场上，实行出口退税与补贴政策降低企业出口的临界生产成本，可以减缓市场化改革弱化贸易自由化配置资源的效应。

在改善消费者福利方面，贸易自由化与国内市场化改革必须同步推进，将两者在范围、程度、措施上进行相应的匹配。在国内市场存在扭曲的情形下，贸易政策可能无法缓解资源误置。只有纠正国内市场上存在的扭曲偏误，才能发挥贸易自由化优化资源配置、增加消费者福利的作用。在开放情形下，市场化程度深化带来的消费者福利的改善幅度大于封闭情形。这说明，对于提高消费者福利而言，中国对内市场化改革与贸易自由化是相辅相成的。

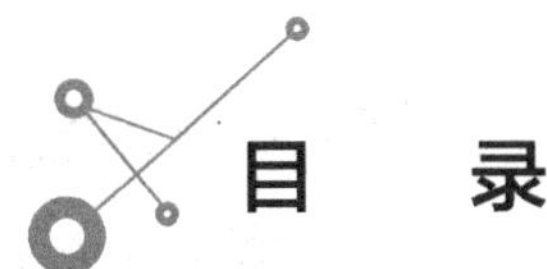

目　　录

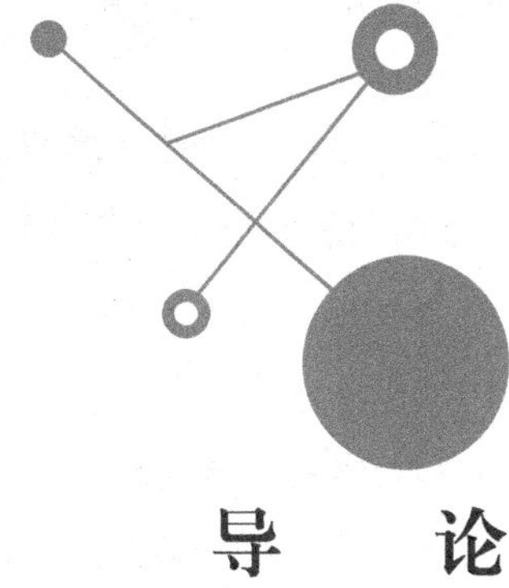

导　论

第一节　研究背景与意义

一、研究背景

自1978年以来，中国的改革开放已经持续了40多年，仍在砥砺前行。改革和开放的双轮驱动为中国过去40多年的快速发展提供了核心动力来源。期间，我国经济体制经历了多方面的改革，从传统的计划经济体制转向了社会主义市场经济体制。以市场化改革为方向的经济转型给中国带来了举世瞩目的经济成就。改革开放的本质是市场化。樊纲等（2011）研究结果显示，1997—2007年，市场化改革对经济增长的贡献率达到年均1.45个百分点。市场化改革优化了资源配置效率，在此期间，39.2%的全要素生产率增长是由市场化贡献的。与此同时，中国对外开放的力度不断加大，关税水平由1992年的43.2%削减至2016年的9.8%。进口许可证、进口配额、进口招标及外汇管制、技术检验标准等非关税措施也逐步取消，这一系列贸易便利化措施使国内企业面临日益激烈的竞争环境，极大地改善了国内的资源配置效率。

我国经济市场化改革选择的是渐进式的发展之路，具体表现为东部沿海地区的政策推行较早，政策支持力度大，而中西部内陆地区启动较晚，改革步伐相对迟缓，这导致地区间市场化程度存在较大的差异。根据樊纲等人的《中国分省份市场化指数报告》可知，一段时期内中国各省份市场指数的标准差在不断扩大，从 1997 年的 1.27 上升至 2014 年的 2.14，这表明地区间市场化进程存在显著差异。此外，中国以财政分权的形式激励地方政府发展经济，也逐渐影响了国内统一市场的构建和区域的协调发展（Young，2000；Poncet，2002；周黎安，2007；曹春方等，2015）。在对外开放情形下，地区间市场化程度的差异，极大地影响了关税在不同城市间的非对称传导效应，这不仅带来不同城市间消费者贸易福利的差异（Han 等，2016），导致不同城市间资源配置效率的差异，而且可能加剧区域间经济发展的不平衡性。

虽然总体上对内市场化改革与对外开放有效地促进了中国经济的高速增长，但是这两种政策对微观企业生产行为和社会消费者福利的影响及作用机制渠道仍不明晰。以中国的市场经济转轨为背景，分析市场化改革与贸易自由化对微观企业资源配置效率和消费者福利的协同影响具有重要的实践意义。具体来讲，客观分析和正确认识市场化改革在传导贸易自由化效应过程中发挥的作用及对资源配置效率的影响，有助于我们评估中国在全球化进程中的贸易利得，更为统筹对外开放与国内市场化改革、促进区域间经济协调发展提供了一定的政策参考。

二、研究意义

（一）选题的理论意义

以 Melitz（2003）为代表的异质性企业贸易理论，揭示了贸易具有改善资源配置效率的功能，成为国际贸易利得的新来源。贸易自由化加剧了市场上企业的竞争，效率较高企业的市场份额得到扩大，迫使效率较低企业退出市场，市场份额从低效率企业向高效率企业转移，进而提升行业总体生产率水平。这意味着，即使企业自身生产率水平保持不变，贸易自由化也会通过资源再配置效应促进总体生产率增长，进而提升一国整体的福利水平。

值得注意的是，标准的异质性企业理论模型在论证贸易的资源重置功能时，忽略了现实经济中存在的资源误置。众多理论文献强调，当国内市场存在扭曲的前提下，自由贸易并不一定会带来社会福利的增加（Bhagwati，2003；Epifani 和 Gancia，2011；钱学锋等，2016b；Święcki，2017）。因此，现有理论文献也就无法判断出，致力于缓解市场扭曲的中国市场化改革对中国贸易自由化带来的资源配置效应和贸易利得的影响。本书将市场化改革嵌入企业异质性贸易模型框架，讨论了市场化改革对贸易自由化效应和贸易利得的影响，不仅为现有关于资源误置和贸易利得的理论研究提供了新的依据，还从资源配置角度，为科学评估中国的经济发展提供了一个本土化的分析视角和框架。

（二）选题的现实意义

改革开放 40 多年来，中国的经济增长奇迹被世界各国关注，但是经济增长背后的隐患，也是不容忽视的客观现实。中国经济增速放缓，意味着中国经济发展更应注重经济增长的质量，不仅要求提高生产率，更需要优化资源配置，即在既定资源约束下，提高资源的使用效率（范冬梅等，2019）。

现有研究论证了中国国内的市场化改革与贸易自由化各自配置资源的效应，却很少系统讨论二者对微观企业间资源配置效率的交互影响。那么，二者在配置企业间的资源方面是否是相辅相成的呢？现有少量研究发现，在市场竞争程度较低的地区，市场扭曲因素如要素市场负向扭曲等导致一些企业面临竞争时仍然可以依托扭曲的市场环境生存下来，从而增加在位企业的生产率离散度，并且降低贸易自由化的竞争效应（耿伟，2017；2018）；也有少量研究考察了贸易自由化和市场化改革的交互作用对资源配置的影响（田荣华，2015；耿伟和廖显春，2017）。然而，这些文献仅仅是在简单的实证回归中引入贸易自由化和市场化改革的交互项，缺乏坚实的理论基础，也尚未验证可行的渠道机制。因此，本书通过理论推导并验证中国对内改革和对外开放共同影响资源配置效率的内在机制，不仅有利于深刻理解中国改革开放政策的科学性与合理性，而且有利于从微观层面把握和评估中国改革开放的成效，并为当前经济改革提供一定的借鉴和参考。

第二节 研究思路与研究内容

一、研究思路

本书试图在一个统一的理论框架下，分析市场化改革对贸易自由化所引致的配置资源效应和消费者福利的影响。本书尝试借鉴异质性贸易理论的分析框架解决一系列问题。一是在存在市场扭曲的不完全市场中和封闭条件下，市场化改革对资源配置效率有何影响？二是在存在市场扭曲的不完全市场中和开放条件下，市场化改革是如何影响贸易自由化效应的，以及市场化改革与贸易自由化最终对资源配置效率会产生怎样的影响。三是在存在市场扭曲的不完全市场中，市场化改革是否会影响到中国贸易自由化带来的消费者福利效应。下面对本书的研究思路进行详细描述。

第一，我们通过对市场化改革、贸易自由化与资源配置这三个方面的文献进行归纳与整理发现，仍然缺乏考察国际贸易与资源配置互动效应的理论文献，并且，也缺乏理论模型论证中国市场化改革与贸易自由化对微观企业间资源配置效率和消费者福利的影响。尽管少量文献论及贸易自由化和市场化改革的交互作用对优化资源配置具有重要意义，却缺乏丰富的理论基础及经过检验的机制渠道，这成为本书的研究起点。

第二，尽可能地对中国制造业的资源配置效率、贸易自由化水平和市场化改革进行准确度量。在此基础上，结合相关图形的描述性统计，初步分析贸易自由化、市场化改革和资源配置效率之间的关系。

第三，基于理论分析及相关假说，采用微观企业数据，验证最终品贸易自由化与市场化改革对行业层面资源配置效率的影响及渠道机制。另外，以中国渐进式的改革开放道路为背景，对地区层面中间品贸易自由化和市场化改革对城市资源配置效率的影响，以及可能产生作用的渠道进行检验。

第四，通过数值模拟分析方法，讨论中国总体贸易福利，以及消费者福利各细分部分（生产率效应、资源再配置效应、产品差异化效应和贸易条件效应）是如何受到市场化改革影响而变化的。

二、研究内容

本书包括以下研究内容。

导论部分简要地介绍了本书的研究背景与意义、研究思路与研究内容、主要研究方法及创新与不足。

第一章是有关市场化改革、贸易自由化与资源配置效率的文献述评，系统梳理了三大类文献。第一类文献是关于资源配置的理论与经验研究，尤其是归纳了现有针对中国资源配置的相关研究。第二类是贸易自由化与资源配置的互动效应研究，一方面梳理了贸易自由化对资源配置的优化功能；另一方面总结了资源配置弱化贸易自由化效应并影响贸易福利的研究。第三类是分析了市场化改革对资源配置和贸易开放的影响，以及国内外市场在配置资源方面的对立性与统一性。

第二章是本书的理论基础。基于异质性企业贸易模型，假定市场不完全，在异质性企业的生产函数中纳入一个扭曲锲子，该扭曲参数是市场化改革的一个递减函数，并与企业的生产率成反比。通过构建一个统一的理论模型，分析市场化改革政策与贸易自由化效应对企业进入、退出市场行为，以及行业总体生产率和部门间生产率差异的影响，分别得到相关的理论假说，并在后面的计量中进行相应的验证。

第三章是应用 Foster 等（2016）的方法，重新测度了中国制造业行业的资源配置效率。Foster 等（2016）的方法依赖较少的理论及经验假设，在测算 TFPR 的离散度时，控制异质性的需求和技术因素，能更加精确地估计出中国制造业的资源配置程度。重新精确测算中国制造业资源配置效率，有利于准确评估市场化改革和贸易自由化对资源配置效率。测度中国制造业行业的资源配置程度是一项较为基础性的工作，这是深刻剖析资源配置成因与评估资源配置动态效应等研究的起点与重点。

第四章以 1999—2013 年中国工业企业数据库为样本，检验了最终品贸易自由化与市场化改革对制造业的资源配置效率的影响。本章首先介绍了中国贸易自由化和市场化改革的指标。其次，进行相关定量测算及分析，并初步观测贸易自由化、市场化改革对资源配置效率的影响。再次，在此基础上，本章基于微观企业数据，实证检验了贸易自由化和市场化改革对企业间资源配置效率的协同影响。除了基础回归，还通过不同所有制企业、不同贸易方式的样本数据考察这一协同效应，并根据理论推导验证了可能产生的影响机制。

第五章对中国特色的渐进式改革开放进程进行了简要的回顾，论述了贸易自由化在不同地区的非对称传导事实，以及构建区域间贸易自由化指标的必要性。而且，以中国加入 WTO 这一事件作为准自然实验，选用倍差法分析区域间非对称的贸易自由化效应是如何影响区域层面的资源配置效率的。本章主要考察的是为企业节约成本、带来优质多样化中间投入要素的贸易自由化产生的资源配置效应。

第六章运用数值模拟方法对市场化改革影响贸易福利及相关机制渠道进行评估。第一步，比较 Melitz 在无扭曲情形下与存在市场扭曲情形下的临界生产率水平，考察市场化改革对总体生产率水平的影响。第二步，考察实施市场化改革是如何影响消费者福利水平的。第三步，借鉴钱学锋等（2016b）、Demidova 和 Rodriguez Clare（2013）的分解方法，将消费者福利拆分成四个部分：人均产出水平、本国消费者可消费的产品种类、产品差异化程度和市场化改革后的贸易条件效应，并利用数值模拟的方法，分别考察各个部分是如何随市场化程度而变化的。

第七章是本书的主要结论和政策建议。这一章对全书进行总结，归纳全书的主要研究结论及政策建议，并对下一步研究进行展望。

第三节　主要研究方法

本书以中国改革开放为现实背景，试图在异质性企业贸易理论的框架下全面系统地研究市场化改革是如何影响贸易自由化带来的资源配置效应与贸易福利的。为了使研究结论更具有实证性和可靠性，本书力求从多维度、多方法和多层次上进行分析。具体而言，本书所采用的研究方法可归纳如下。

一、文献解析法

文献解析法主要出现在本书第一章的文献述评部分。在这一章，我们分层次对资源配置、贸易自由化和市场化改革三者间互动效应的文献进行梳理，并在此基础上进行述评，以使读者清晰地看出现有文献的不足及本书的创新之处。

二、数理建模法

数理建模法主要应用于本书的第二章理论分析部分。第二章是本书的核心理论章节，在这一章，我们在企业异质性贸易理论的框架下，考虑在市场存在扭曲情形下，分别探讨封闭均衡和开放均衡中市场化改革是怎样影响微观企业的生产行为，进而对资源配置效率产生影响的。本章还分析了市场化改革怎样影响贸易自由化和贸易自由化带来的资源配置效率效应，并得出本书五个主要的理论假说，为接下来基于中国数据的经验分析提供了科学的理论依据。

三、计量分析法

计量分析法主要在本书的第三章至第五章采用，利用中国的微观数据进一步准确测算了中国制造业企业的资源配置效率。在准确测算资源配置效率的基础上，对第二章的五个理论假说进行论证。为了保证结果的稳健性，我们将采用不同的计量方法和样本进行稳健性分析。在第四章，本书采用了普通最小二乘法（OLS）、两阶段最小二乘法（2SLS）考察了市场化改革和贸易自由化对资源配置效率的协同影响。本书还运用了中介效应模型和倾向得分匹配方法（PSM）来检验市场化改革和贸易自由化是否通过影响企业进入国内市场和出口市场的临界生产率，以及出口企业与非出口企业间生产率的差异，以及作用于行业层面的资源配置效率。在第五章，本书采用了双重差分模型评估 2001 年中国加入 WTO 带来的贸易自由化冲击对区域层面的资源配置效率的影响，不仅解决了贸易自由化与资源配置效率可能存在的内生性问题，而且可以更加准确地刻画中国渐进式改革开放政策带来的资源配置效应。

四、数值模拟法

本书的第六章主要采用了数值模拟法。首先，根据已有文献的经验做法对参数进行赋值，比较了市场化改革对封闭情形和开放情形中的临界生产率的影响。其次，结合中国的实际数据，对福利变动进行稳健性分析，从而得到整体贸易福利变动的数值范围。再次，对整体贸易福利进行结构性分解，观察市场化改革对每个细分部分的影响，以便从整体和微观两个方面评价和审视中国的市场化改革对经济带来的影响。

第四节 创新与不足

一、本书的创新

（一）构建了市场化改革与贸易自由化协同配置资源的理论模型

本书通过将扭曲参数嵌入异质性企业贸易理论模型，在理论上刻画出在不完全市场中，市场化改革是如何通过影响企业的生产行为，进而对资源配置效率和总体贸易福利产生影响的。这有利于把握市场化改革提升资源配置效率的微观机制，并理解贸易自由化和市场化改革在配置资源方面的互动效应。与此同时，还为探索市场化改革与贸易自由化对资源配置效率协同影响的经验研究提供了丰富的理论基础。更为重要的是，本书从资源配置角度，通过探讨中国市场化改革对企业间资源配置效率和贸易福利的影响，为科学评估及理解中国的改革开放实践提供了一个本土化的分析视角和框架，也为贸易福利的相关研究提供了一定的经验。

（二）丰富了国际贸易与资源误置互动效应的理论研究

在现有理论研究中，关于经济增长文献和国际贸易文献是割裂开来的，仍缺乏一个系统的理论框架来考量国际贸易与资源误置的互动效应与机制。关于资源误置的相关文献大多仅在封闭经济条件下讨论了资源误置的来源与福利效应，鲜有文献在开放经济条件下讨论资源误置是如何影响贸易自由化效应和贸易福利的。基于异质性企业贸易模型框架，本书在异质性企业的生产函数中纳入的扭曲参数是关于市场化改革的一个递减函数。这样，通过理论推导和量化比较封闭经济条件与开放经济条件下的临界生产率和消费者福利水平，可以清晰地分析出国际贸易与市场化改革的交互影响。因此，本书从市场化改革的视角，丰富和拓展了国际贸易与资源配置互动效应的理论研究。

（三）拓展了贸易自由化引致资源配置的研究视角

现有经验文献在考察贸易自由化与市场化改革对资源配置效率的影响时，大多考察的是贸易自由化带来的促进竞争效应（田荣华，2015；耿伟和廖显春，2017），而忽视了贸易自由化节约企业成本、带来优质多样化的中间投入要素。此外，与已有研究不同，我们基于中国的经济背景，强调了贸易自由化在不同地区间的非对称传导效应，以及构建地区层面的贸易自由化指标的重要性。本书通过重点考察区域层面的贸易自由化效应和市场化改革差异对区域层面资源配置效率的影响，拓展了贸易自由化促进国内资源配置的研究边际和范畴。

（四）更为精确地测度资源配置效率

目前，基于 HK 模型（Hsieh 和 Klenow，2009），相关文献通常使用企业之间的全要素生产率价值离散度刻画资源误置程度。但是，这一指标严格依赖于规模报酬不变、等需求弹性、无固定成本等假设条件。Foster 等（2016）放宽规模报酬不变的条件后，理论证实了 TFPR 离散效应包含扭曲、技术效率和需求冲击等因子，这对传统使用 TFPR 离散度衡量资源误置的方法提出了挑战。与HK模型方法相比，Foster方法放宽了规模报酬不变的假设条件，依赖更少的参数设定，并在测算TFPR的离散度中控制了企业异质性的需求和技术因素，这能够更全面地度量资源误置程度。因此，通过应用Foster等人的方法，本书能够更加精确地估计出中国制造业的资源配置效率。通过文献检索，本书目前尚未发现有文献运用该模型和方法测度中国制造业的资源误置程度。

（五）充实了评估市场化改革政策效应的研究

关于市场化改革的政策研究充分肯定了市场化作为一种制度变革给转轨国家带来的经济增长效应，但是，这些研究忽略了市场化改革对中国贸易利得的影响。本书通过将市场化改革嵌入异质性贸易理论模型，分解出受市场化改革影响下的贸易利得，并运用数值模拟分析方法，考察了市场化改革对总体贸易利得和贸易利得各组成部分的影响。这为评估中国市场化改革的经济效应提供了一个新的分析视角，也为相关的政策制定提供了一定的参考依据。

二、本书的不足

本书还存在以下几个不足的方面，有待进一步拓展。

（一）采用不变替代弹性效用函数

本书的模型建立在不变替代弹性（CES）效用函数的基础上，当需求结构为CES时，存在较大的局限性。CES效用函数的设定，即默认企业的加成率是固定不变的，这就会导致对贸易福利进行评估时忽略了企业的加成率变动，从而无法对企业的盈利能力进行分析。设定消费者弹性是不变的，这也是对现实的简化。如果在可变效用弹性的设定下，不同消费者的效用弹性是变化的。这更加符合现实，也能得到更为丰富的理论结论和政策建议。

（二）未进行一般均衡分析

本书的模型没有同时考察市场化改革与贸易自由化对服务业部门和要素市场的影响。随着服务业在经济发展中的地位日益凸显，对外开放的力度也越来越大，因此，探讨市场化改革和对外开放对服务业、服务业与制造业两部门间的资源配置影响尤为重要。与此同时，若纳入区域间的劳动力和投入要素的自由流动，同时分析贸易自由化和市场化改革对产品市场和要素市场的资源配置效率影响，将为系统性地解释资源配置效率对转型国家整体经济的影响提供可能，并有助于全面评估中国改革开放带来的资源配置效率和福利。

（三）未进行动态分析

企业异质性贸易模型未考虑企业跨期决策的影响。本书仅在静态环境下分析了市场化改革和贸易自由化对企业间的资源配置效率影响，更多的是侧重于对在位企业间“内涵型错配”的研究。然而，市场上存在的扭曲性政策不仅会对在位企业间的资源配置产生影响，而且会直接影响企业的进入、退出决策。企业的自身生产率演化与资源配置是相互影响、紧密相关的，需要用动态发展的观点考察资源误置问题（Peters，2013）。据此，构建纳入不同类型的资源错配理论模型和分析框架，细致分解和考察各类扭曲对生产率和经济增长的影响，将是未来值得探索的重要方向。

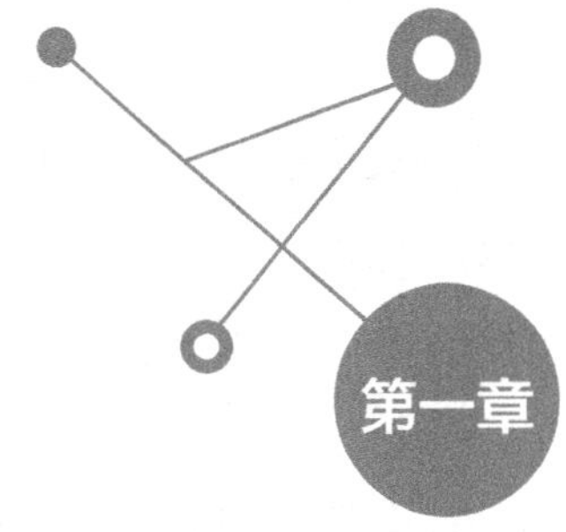

贸易自由化、市场化改革与资源配置效率：文献述评

本章的文献述评主要围绕四个方面展开：一是简要回顾资源误置内涵、成因、测度等方面的相关理论和经验研究；二是归纳贸易自由化与资源误置交互影响的相关文献；三是梳理市场化改革对资源配置效率，以及贸易自由化效应影响的相关研究；四是对既有文献研究进行简短的评论。

第一节 国内外关于资源配置效率的研究进展

一、资源误置的内涵、成因与测度

（一）资源误置的内涵

“资源误置”的理论研究，近年来，在视角上逐渐由宏观转向微观，并实现了将企业数据加总到宏观层面。以 Restuccia 和 Rogerson（2008）及 Hsieh 和 Klenow（2009）为代表的研究（以下简称 HK），开创性地从企业层面生产要素发生错配的角度，建立了从微观到宏观加总的模型。Hsieh 和 Klenow（2009）通过研究发现，在完全竞争的市场中，如果要素能够在企业间自由流动的话，那么要素在不同部门及企业间的边际产出都将相等，即社会资源的“有效配置”。相反，如果产品市场和要素市场不完全，导致资源在企业间不能以其边际产出相等的原则进行配置，进而产生企业间 TFPR 的差异，说明资源配置偏离了“有效状态”，即资源的“误置”。据此，资源配置和资源误置的概念从“微观—宏观”的分析框架和一般均衡思路上基本确定下来。

目前，关于资源误置的内涵边际主要定义为三类：第一类为静态的资源误置，是指在位企业间的投入要素错配，生产要素在各企业的边际产出不相等，通常也称为“内涵型错配”，以 HK 模型为代表。第二类为广泛的资源误置，意味着尽管在位企业间的要素边际产出相等，但是存在进入障碍导致进入不足或者过度进入，潜在进入企业比在位企业具有更高的生产率，因此也称为“外延型错配”（Atkeson 和 Burstein，2010；Banerjee 和 Moll，2010）。第三类是指动态的资源误置，即生产者错误投资，与影响企业自身生产率的技术因素相关的资源误置，以 Peters（2013）为代表。

（二）资源误置的成因

资源误置的原因多种多样。大量研究表明，众多因素影响了一国经济体内部的资源误置，包含政策法规、财产权利、贸易与竞争、金融和信息摩擦、劳动力要素错配等。

首先，关于政策法规对资源误置影响的研究主要强调了政府公共政策阻碍了资源在市场间的自由流动。许多研究均指出，政府公共政策对国有企业、重点扶持产业具有显著的偏向性（Hsieh 和 Klenow，2009）。

其次，金融市场的不完全性作为资源误置的原因是被研究最多的一个领域。大量研究关注并量化了融资约束导致的企业间资本误置（Midrigin 和 Xu，2014；Buera 等，2011；Greenwood 等，2013；Moll，2014）。此外，金融市场的不完全信息摩擦，较差的保险及合同执行力度（David 等，2016；Udry，2012；Caselli 和 Gennaioli，2013）也都显著降低了资本的配置效率。这些金融摩擦不仅阻碍了在位企业间的资本配置，改变了企业的市场进入和退出选择，还影响了企业进行技术投资与研发创新的决策（Midrigin 和 Xu，2014）。

再次，劳动力市场扭曲主要源于僵化的用人体制及高昂的成本。例如，Hopenhayn 和 Rogerson（2000）、Hopenhayn（1992）较早地研究了“解雇税”对劳动力错配的影响。一国特定的政府政策还引致了个体劳动者在行业间和

空间上的流动与分布。

近年来，公共基础设施也被证实会对资源配置效率产生影响。修建交通基础设施有助于使市场中的经济要素以较低的成本流动，并提升市场一体化水平（周浩和郑筱婷，2012）。以印度高速公路为研究对象，Ghani等（2016）发现，印度黄金四角高速公路网络的修建提高了沿线企业的效率、规模和存活概率。张天华等（2018）揭示了高速公路建设主要通过改善在位企业效率，从而提高了区域经济效率，但是资源再配置、企业进入和退出渠道并未发挥实际作用。

最后，尽管传统的贸易理论强调了贸易开放促进资源配置的功能，但是贸易壁垒（成本）会阻碍企业之间的自由竞争，是产生资源错配的直接因素。关税制度或其他贸易保护措施更会扭曲异质性企业之间的资源配置（Khandelwal等，2013；Edmonds等，2015）。本章将在第二节详细梳理贸易自由化与资源误置的互动效应研究，在此不再赘述。

从总体上看，这些影响因素大致可以分为三类：一是企业自身经营导致的效率损失；二是要素市场和产品市场的不完善性；三是法规制度和政策工具等外部力量介入的隐性因素。这些都直接或间接地影响了企业要素投入或产出的成本及利润，并通过市场进入与退出阻碍塑造了市场的竞争环境，从而影响了市场资源在企业间的分配。

（三）资源误置的测度

Restuccia和Rogerson（2017）通过分析相关文献，得出的结论如下。现有关于资源误置的研究框架主要分为直接法和间接法两类。直接法关注资源误置产生的潜在原因，并往往通过构建相关理论模型，量化这些因素造成的资源错配或者全要素生产率（TFP）损失效应（Hopenhayn和Rogerson，1992；Epifani和Gancia，2011）。该方法的缺陷在于，很多因素是难以直接量化的，如制度质量。并且，在众多影响因素中，难以判断并比较所关注的因素和其他潜在因素到底哪一个的作用更重要。

间接法是对综合因素的整体测度，通过比较实际TFP与帕累托最优TFP的差异来衡量资源误置程度，试图分析所有潜在因素的综合影响，而不是聚焦于某种特定因素。因为事先无法判断和识别可直接度量与潜在不能度量因素之间的关系，转而研究所有潜在因素对生产率的影响：当企业间的要素边际报酬不相等，或者当企业最优问题的一阶条件产生“楔子”时，就表明存在市场扭曲。现有量化比较各国资源误置差异的研究大多基于间接方法（HK，2009；Restuccia 和 Rogerson，2008；Bartelsman 等，2013）。与直接法相比，间接法关注最终的“楔子”有多大，而非造成“楔子”的原因，克服了直接法的一些缺点，却无法比较和判断不同因素带来的影响效应大小。

在间接法的研究框架下，常被用来判断并估算资源误置效应的实证指标有：企业生产率水平和规模之间的协方差、企业收益生产率或要素投入的边际产出价值离散度和加成率离散度。

Bartelsman 等（2013）论证了如果资源是有效配置的，企业的规模与企业的 TFP 正相关。因此，可以使用 OP 分解法，量化行业内企业生产率水平与规模之间的协方差，并以此作为估算资源错配程度的指标。OP 协方差背后的经济学含义是：如果资源能够实现优化配置，具有更高生产率水平的企业所获得的市场份额和资源也应更多。据此，OP 协方差越小，意味着市场扭曲越大；反之，OP 协方差越大，意味着市场扭曲越小。值得注意的是，当市场中存在进入成本和自由进入、退出阻碍时，行业平均生产率就会受到影响，这导致使用 OP 协方差度量资源误置程度可能存在偏误。

在 HK 模型设立的垄断竞争模型下，企业面临不完全需求弹性。如果资源可以自由流动，不存在任何扭曲，那么更多的资本和劳动会分配给实际生产率（TFPQ）较高的企业，但是高产出会导致企业面临更低的产品价格，最终生产率较高的企业和生产率较低企业的 TFPR 相等。在没有静态扭曲时，即使企业的 TFPQ 存在巨大差异，这种机制也会使均衡条件下所有企业的 TFPR 相等，即不存在 TFPR 的离散。相反，如果存在扭曲，那么企业间的 TFPR 离散度越高，说明企业面临要素调整的阻碍越大，导致该企业资本和劳动边际产出较高，生产规模小于最优水平。同样，这也是企业间要素投入的边际产出价值离散度能够度量资源误置的理论依据。从经验上来讲，大部分微观数据库都包含企业收益等数据。该指标方便易行，被广泛应用，

各国间的估计结果具有较大的可比性。然而，HK 模型还严格依赖于规模报酬不变、等需求弹性、无固定成本等假设条件，因而 TFPR 离散度在多大程度上能够衡量资源误置，仍有待于进一步的探讨（范冬梅等，2019）。

Lerner（1934）、Epifani 和 Gancia（2011）指出，在一般均衡条件下，不同行业和企业间对称性的加成率是实现资源有效配置的必要条件和充分条件。这是因为，如果所有产品的价格具有相同的加成率，相对价格就能够如实地揭示相对成本，正确指引资源在市场间的流向。相反，如果企业间或行业间的加成率不同，就表明垄断势力在各行业间存在差异，会造成资源错配。存在加成率差异时，高于平均加成率水平的行业或企业生产不足，低于平均加成率水平的企业就要在最优条件之上利用资源进行生产，从而造成资源的浪费。

二、关于中国资源配置效率的讨论

事实上，中国作为一个转型国家在对内改革和对外开放的过程中，尽管取得了巨大成就，但也不可避免地产生一些资源误置现象。现有研究除了判断中国总体的资源误置情况，还集中探讨了中国在要素投入扭曲、国有企业的政策偏向、区域市场分割等方面资源误置的成因及其影响。

要素市场扭曲对中国经济产生了广泛而深刻的影响。首先，在微观层面，要素市场扭曲收益，导致了中国出口企业利润偏低（毛其淋，2013a；施炳展和冼国明，2012；张杰等，2011a），抑制了企业 R&D 投入（张杰等，2011b），并降低了企业核心产品的比重，不利于资源在企业内优化配置（耿伟和廖显春，2017）。其次，在中观层面，要素市场扭曲导致了不同产业的全要素生产率（TFP）和效率损失（谭洪波，2015；陈永伟和胡伟民，2011；袁志刚和解栋栋，2011）。最后，在宏观层面，投入要素扭曲带来了总体福利的损失（杨振和陈甬军，2013）。龚关和胡光亮（2013）指出，资本配置效率和劳动配置效率的改善将使总量生产率分别提高 10.1%和 7.3%。

在中国的经济转轨过程中，针对企业相关政策无形中指引了资源配置的方向（聂辉华和贾瑞雪，2011；罗德明等，2012；Song 等，2011；王永进和刘灿雷，2016）。

另外，中国不同区域间的商品流动影响了地方经济的发展（Young，2000；Poncet，2003）。孙元元和张建清（2015）将 MP 动态分解方法按省际、企业维度进行分解，着重分析了中国制造业在空间集聚或在省际集聚的资源配置效率高低及演变趋势。Brandt 等（2013）发现，1985—2007 年，中国劳动力和资本要素在省际，以及省内企业间的错配，导致制造业和服务业的总体生产率损失 20%。

综上所述，关于中国资源配置效率的讨论大多集中在市场化改革进程中某一特定的政策和法规对企业间或行业间资源配置效率，进而对总体生产率和经济发展的影响。现有研究的不足之处在于，仍缺乏相关研究系统地探讨中国的改革是如何影响对外开放带来的资源配置效率和贸易福利影响的。

第二节　贸易自由化与资源误置的互动效应研究

随着国际分工的深化，国际贸易对一国国内的资源配置也产生了深远的影响。企业异质性贸易理论模型表明，国际贸易具有优化资源配置的功能。贸易自由化可以通过加剧市场竞争，达到优化资源配置效率、改善贸易福利的目的。不过，一些致力于促进贸易发展的相关贸易政策措施反而引致了资源在企业间的错配。与此同时，国际贸易引致企业间资源动态优化调整的前提是完全竞争市场，包括低生产率企业退出市场，高生产率企业生产扩张，要素在企业间自由流动。如果没有这样的市场环境，那么贸易自由化引致的资源调整效应将会大打折扣。

因此，越来越多的文献关注了贸易自由化与资源误置的互动影响。一方面，Demidova 和 Rodriguez Clare（2013），Defever 和 Riano（2012）等人的研究强调了贸易政策或贸易改革对资源误置的影响；另一方面，大量学者也反过来研究了资源误置对贸易自由化效应及贸易福利的影响。

一、贸易自由化配置资源的效应

（一）贸易自由化的促进竞争效应

国际贸易引致资源优化配置是国际经济学的基本结论。以 Melitz（2003）、Bernard 等（2003）为代表的异质性企业贸易理论模型均证实，贸易自由化加剧了市场的竞争程度，迫使低效率企业退出市场，从而实现了资源在企业间的优化配置，使行业总体生产率得以提高。Melitz 和 Ottaviano（2008）在放松异质性企业模型中的 CES 函数假定，采用拟线性需求函数并内生化市场规模和成本加成率之后同样发现，贸易开放导致市场上竞争的企业数目增加，从而促进了资源在行业内的重新配置。以 Mayer 等（2014）为代表的多产品异质性企业贸易理论，将产品异质性纳入 Melitz 模型中推导得到，国际贸易会促使企业减少外围产品的生产，将资源聚焦于核心产品的产出和贸易，优化企业内部的资源配置效率。这些基准模型理论均强调了贸易有改善资源配置效率的功能，进一步揭示了国际贸易利得的新来源。这意味着，即使单个企业的生产率水平不变，国际贸易也会通过资源再配置效应实现总体生产率的提升，增加一国的贸易福利。

（二）贸易自由化改善资源误置的功能

贸易开放被证实有利于减缓一国内部的资源误置程度。在 Melitz 的垄断竞争框架下，Demidova 和 Rodriguez Clare（2013）证明，假设在小国经济模型中，消费补贴与进出口补贴能够消除国内的消费者扭曲与加成率扭曲，从而实现资源的最优配置。Behrens 和 Murata（2012a）基于垄断竞争框架，证明得到，当企业为同质性时，贸易开放带来市场规模的扩大，这会逐渐缩小市场均衡福利和社会最优福利之间的差距，有利于减缓市场扭曲。Święcki（2017）发现，在存在国内扭曲的情况下，最优关税的实施可以将国内扭曲的负面效果部分抵消。

在经验上，Lu 和 Yu（2015）通过中国企业层面的微观数据发现，中国 2001 年加入 WTO 带来的贸易自由化，缓解了企业间的资源误置程度（企业间加成率离散度缩小），贸易利得增加。杜艳等（2016）、耿伟和廖显春（2017）、耿伟和魏荣（2018）证实，贸易自由化带来的进口竞争效应显著降低了我国行业内的生产率和加成率离散程度，资源再配置效率得到改善。同样，贸易自由化对要素市场扭曲具有一定的矫正作用。毛其淋（2013a）指出，贸易自由化带来的促进竞争效应有助于减少要素市场扭曲引致的企业寻租活动，激励企业积极进行研发创新，谋求生产率增长的长远发展。

（三）贸易政策引致的资源误置

相关贸易理论与经验文献揭示了贸易自由化的资源配置功能。然而，各国政府基于自身发展现状，为了维护自身利益，在贸易自由化改革进程中，采用了不同类型的贸易政策。这些贸易政策或措施反而弱化了贸易自由化的资源配置功能，甚至带来了资源配置效率的损失。

Defever 和 Riano（2012）证实，纯出口补贴政策带来了较为严重的资源误置，这一政策的消除将会使中国的贸易福利增幅达到 3%。Khandelwal 等（2013）研究发现，中国纺织业出口配额制度由于将配额更多地分配给低效率的企业而加剧了资源误置程度。消除配额制度带来的生产率收益，主要源于取消配额引致的资源配置效率的优化（71%），而非配额制度本身（29%）。钱学锋等（2015）发现，出口退税政策扩大了出口与非出口企业间的成本加成差异，加深了两种企业之间的资源误置程度。Chai（2012）基于多部门的 EK 贸易模型发现，尽管低估人民币汇率可以改善资源配置和提高总体 TFP，但这有赖于中国特殊的资源配置环境。低估人民币汇率，有助于产品的出口，提高其产品的相对价格，促使要素资源从非可贸易部门流向可贸易部门，这就无形中矫正了企业间资源要素的不当配置，从而改善了总体的资源配置效率。

二、国内资源配置对贸易效率的影响

行业内的异质性是决定比较优势的重要因素，决定了一国对外贸易的专业化模式和相对要素价格。异质性企业面临的扭曲可能会放大或缩小一国对外贸易的比较优势。Ho（2010）基于多部门的企业异质性贸易模型，在企业面临规模扭曲的情形下，以 1991 年印度贸易自由化事件为背景，考察贸易自

由化对贸易模式、技能溢价和福利的影响。他得出的结论是：企业面临的规模扭曲导致要素禀赋带来的比较优势发生了逆转。企业规模扭曲的福利成本在贸易开放后被进一步放大了。毛海涛等（2018）发现，当国内市场存在扭曲时，贸易自由化会引致市场均衡福利上升和市场扭曲程度加剧并存的局面。Manova（2013）研究了资本要素配置扭曲会影响企业出口的绩效表现。类似的，中国的要素市场扭曲也激励了中国本土企业的出口，但是伴随的是较低的出口利润（毛其淋，2013a；施炳展和冼国明，2012；张杰等，2011a）。

Costa Scottini（2017）在一个多国生产和贸易的一般均衡模型中证实，企业层面的资源错配可以解释各国贸易弹性的异质性。异质性企业面临的规模扭曲会产生两个作用。第一，降低了企业进入市场的概率，导致企业数目下降，阻碍高生产率企业扩张，影响贸易自由化的“选择效应”，从而加大了企业间的 TFPR 离散度，影响了总体 TFP。第二，出口具有固定成本，因此规模扭曲会降低企业出口的概率，压缩企业出口的市场份额。这两种影响均强化了企业出口的扩展边际对贸易成本的敏感性。

Pulido（2018）论证了企业层面的资源错配是如何影响行业间产品生产的相对成本，并扭曲一个国家“天然”的比较优势。首先，要素错配程度较大的行业会面临较大的生产率损失，从而降低了相对出口能力。其次，行业间的要素错配可能会改变行业的规模，并通过影响企业的“选择效应”扭曲行业平均生产率及其相对比较优势。以哥伦比亚数据进行的反事实估计结果表明，在消除资本、熟练劳动力和非熟练劳动力资源错配后，该国的出口会更专注于具有“天然”比较优势的产业，产业结构重组会促进国内生产总值与出口上升 18%。但是，这一效应在封闭经济条件下是不存在的。

三、资源误置带来的贸易福利损失

贸易自由化带来的福利效应始终是国际贸易理论与经验研究的核心问题。标准的企业异质性模型在论证贸易的资源重置功能的同时，忽略了现实经济中存在的资源误置，因此，直接讨论资源误置对一国贸易利益的影响日渐受到广泛关注。

（一）国内资源误置对贸易福利的影响

在一国国内存在市场扭曲的情况下，贸易自由化效应不仅会减弱，还有可能导致福利受损。Johnson（1965）、Bhagwati（1971）和 Eckel（2008）均提出，在存在扭曲的情况下，贸易对社会福利会产生负向影响，是次优选择。

尽管贸易会带来降低企业加成率的促进竞争效应，但是由于行业间垄断势力的差异，贸易在降低整体平均加成率的同时，反而会扩大贸易品与非贸易品之间的分散程度（Epifani 和 Gancia，2011）。当企业进入市场受到限制时，贸易更会加剧部门间加成率的离散度，并导致贸易福利受损。据此，自由进入与竞争性的国内市场是防止非对称贸易自由化可能产生不利福利效应的前提条件。类似地，McCaig 和 Pavcnik（2014）发现，市场本身存在的扭曲会减少贸易自由化带来的贸易福利，并不同比例地减少生产率较高企业的利润，从而带来人力资源的再配置。

Święcki（2017）通过将部门间劳动力扭曲纳入李嘉图模型，运用 2006 年 61 个国家 16 个部门的数据，量化了部门间劳动力扭曲对贸易福利的影响。如果忽略部门间的扭曲，在低劳动边际产出部门中，净出口企业的贸易利得将会被夸大，因为在这些国家，贸易往往会强化国内市场阻碍因素的影响。因此，缓解市场阻碍因素对各国开放后的国际贸易，有更大的潜在回报。

总体来说，上述研究均表明，在市场存在扭曲的前提下，自由贸易不一定会促进社会福利的增加。正如 Bhagwati（2003）所论述的："当市场价格能够正确反映社会成本，这时'看不见的手'就可以有效配置资源，自由贸易也是最优的贸易策略。然而，当市场处于非有效运作情形或者是不完全的，这时'看不见的手'对资源流向的指引反而是错误的，自由贸易也并非最优策略。"

（二）贸易福利的量化与分解

传统的国际贸易理论认为，贸易的福利效应源自产业间的分工与交换。而新贸易理论指出，产业内贸易带来的规模经济和消费者偏好的多样性同样是贸易福利的重要内涵。在异质性企业贸易理论框架下，Feenstra（2010，

2016）认为，贸易的福利主要有：多样化的消费产品种类、竞争效应导致的企业成本加成下降、选择效应带来的平均生产率的提升。Arkolakis 等（2012）论证，依赖于消费者对国内产品的支出份额和贸易弹性这两个参数就可以计算出贸易的福利利益。当然，在不同模型的假设下，这两个参数的数值大小存在差异。

Demidova 和 Rodriguez Clare（2013）在异质性企业和产品的垄断竞争框架下，研究了消费补贴、出口税或者进口关税是如何影响经济体中的两种扭曲以达到最优配置的。基于小国经济假设得到，贸易福利可以分解为四个部分：人均产出、贸易条件、消费者产品种类数量和产品种类的异质性。出口补贴会带来人均产出的增加，但是会给其他三个部分带来整体性的负影响，从而导致福利下降；而进口关税则是在致使人均产出下降的同时带来整体福利的上升。

贸易福利的量化与分解为评估资源误置对贸易自由化影响效应提供了切实可行的思路与路径。Tombe（2015）、Swikecki（2017）和 Caliendo 等（2017）均将企业间的扭曲引入了量化贸易福利的模型中。钱学锋等（2016b）通过对贸易福利进行分解后发现，国有偏向型政策和出口偏向型政策主要带来了人均产出的减少、贸易条件的恶化和可消费产品种类的降低。

第三节　市场化改革对资源配置效率的影响

中国改革开放 40 多年，围绕着“处理好政府与市场的关系，使市场在资源配置中起决定性作用和更好发挥政府作用”的改革持续释放了制度红利，尤其以市场化改革为方向的经济转型在多方面对资源配置与对外贸易产生了深远影响。

一、市场化改革对资源配置效率的直接影响

国内外许多学者从实证角度验证了我国市场化改革对资源配置，以及经济

增长的促进作用。樊纲等（2011）通过测度并比较1997—2007年中国30个省份的市场化程度发现，市场化进程提高了资源配置效率，使其对经济增长的贡献率达到年均1.45%。马光荣（2014）认为，中国的市场化转型本身是一场大规模的制度变迁，并基于中国工业企业数据库，从制度视角考察了市场化转型对企业微观生产率和企业间资源配置效率的影响。其研究发现，制度可以通过改变激励机制提高企业内部的资源配置效率。此外，制度可以使投入要素更多地由低生产率企业流动到高生产率企业，从而改善资源在企业间的配置效率，减少资源误置现象。简泽等（2013）研究发现，加入世界贸易组织后，银行的市场化促进了企业层面的重构和全要素生产率的改善，加剧了产业内不同企业之间生产效率的分化，进而激发了产业层面的重组和跨企业的资源再配置。在这个过程中，产出创造率远远高于产出破坏率，并且跨企业的资源配置效率呈现明显改善的趋势。毛其淋和许家云（2015）则以市场化转型为背景评估其对中国就业动态变化及地区生产率增长的影响。市场化转型促进了劳动力资源由低生产率企业向高生产率企业的转移，即通过改善就业再配置效率而显著地促进地区全要素生产率的增长。

上述文献表明，学者们充分肯定了市场化作为一种制度变革给转轨国家带来的经济增长效应，并从制度、信贷、就业等视角验证了中国市场化进程改善资源配置的作用。然而，这些研究却忽略了与市场化改革同步进行的贸易自由化可能对市场化改革配置资源效应的调节作用。

二、国内外市场配置资源的对立性与统一性

基于中国工业企业数据集，田荣华（2015）通过系统GMM方法估计地区与行业的贸易开放水平、国内市场化进程对资源配置效率的影响发现：地区市场化程度越高，资源配置效率越高，但是国内的市场竞争与国际贸易开放程度交互项指标并不显著，说明国内外市场在资源配置时并没有产生良好的互动效应。耿伟和廖显春（2017）回归结果显示，贸易自由化和市场化改革的交互作用对优化资源配置具有重要意义：在同一关税水平下，市场化水平越高地区的企业，生产率的离散程度越低。Han等（2016）强调了地区市场

结构，尤其是私有企业的规模，影响了关税在不同城市间的非对称传导和区域贸易自由化效应。在私有企业所占份额越大的城市，越有更高水平的关税传递效应，从而显著降低了进口产品的价格，增加了当地消费者的贸易福利。

上述研究结果的差异性是因为，国内、国外市场在促进区域经济发展、调节资源配置上，既有可能是相互替代的，也有可能是相互补充的（陈敏等，2007）。基于中国1985—2008年的省际面板数据，盛斌和毛其淋（2011）研究发现，对外经济开放和区域市场整合在影响省级全要素生产率方面是具有替代性的。在沿海地区，对外经济开放对省际全要素生产率的影响效应占主导作用，而区域市场整合的影响效应较低，仅有13.53%。在内陆地区，区域市场整合的实际贡献率达到37.67%。与上述研究结果相反，柯善咨和郭素梅（2010）研究发现，1995—2007年，省区对内开放和对外开放在影响省区经济增长上存在着相互促进的关系。

这些研究表明，对外开放与对内改革在促进地区经济发展和配置资源上产生了深刻的交互影响。现有协同考察市场化进程和贸易自由化对区域资源配置效率的影响研究仍然乏善可陈，仅有少数几篇文献考察了贸易自由化和市场化改革交叉作用对资源配置的影响。然而，这些研究大多是简单地将贸易自由化指标与市场化进程指数指标的交互项引入回归模型，通过回归系数符号的正负来大概判断贸易自由化与市场化进程的协同影响，不仅缺乏一定的理论基础，也尚无验证其结论的具体的渠道。

第四节 简要评述

探索资源误置成因的研究表明，市场因素会直接或间接地影响企业间的资源配置效率。针对中国改革开放40多年的历程，众多学者也从资源配置角度对中国经济发展过程中的特殊现象进行了广泛而深刻的讨论。尽管市场化改革极大地提高了资源配置效率，但是仍缺乏一个统一的框架系统地探讨中国的改革是如何影响对外贸易自由化带来的配置资源的效应和消费者福利的。

尽管有少量文献证实，贸易自由化和市场化改革的交互作用对优化资源配置具有重要意义，却缺乏深刻的理论基础及检验其可能的机制渠道。

另外，现有文献考察贸易自由化与市场化改革对资源配置效率的影响时，大多考察的是贸易自由化带来的竞争效应（田荣华，2015；耿伟和廖显春，2017），忽视了贸易自由化节约企业成本、带来优质多样化的中间投入要素。尤其是我们以中国渐进式的改革开放道路为背景，重点考察了区域间贸易自由化效应和市场化改革的差异对区域层面资源配置效率的影响，这拓展了贸易自由化促进国内资源配置的研究边际和范畴。基于国内市场存在扭曲情形下，从市场化改革视角，探讨其对总体贸易福利和渠道的影响，也为有关贸易福利的相关研究提供了一个发展中大国的经验证据。

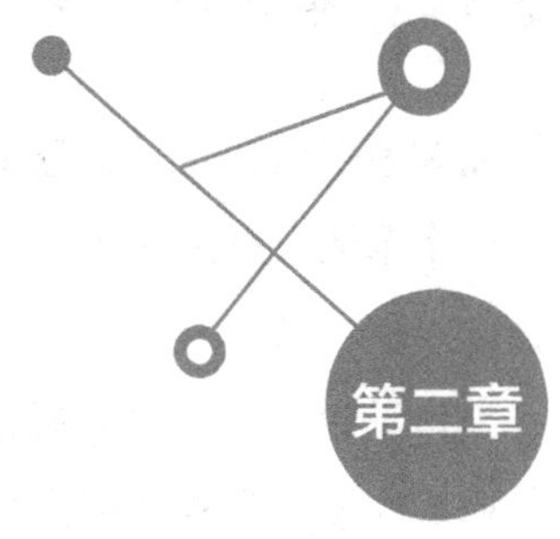

市场化改革对资源配置效率的影响：嵌入异质性企业贸易模型框架的理论分析

在本章的模型部分，假设微观企业受扭曲因素影响的程度与企业自身的生产率水平成比例。具体来讲，在同样面临市场扭曲的情况下，生产率越高的企业相对而言受扭曲因素干扰的程度会小于生产率低的企业。因此，首先，将扭曲参数设定成是关于企业生产率和市场化程度的函数，这不仅更加贴近现实，也能同时考察国内市场化程度是如何通过影响市场扭曲，进而对资源配置效率产生影响的。其次，中国在改革的同时，也不断积极深化对外开放水平。所以，将市场化改革影响资源配置效率的模型拓展到开放情形，探讨贸易自由化与国内市场化改革对国内资源配置效率的协同影响，以及背后的影响机制是十分必要的。最后，与最终品关税下降带来的促进竞争效应不同，中间品贸易自由化会通过技术溢出效应、要素获得效应等多种渠道助力企业生产活动。因此，进一步构建贸易自由化下的企业中间品进口模型，分析中间品贸易自由化与市场化改革对企业行为及行业间资源配置效率的影响机理，将更有利于全面评估中国改革开放配置资源的效应。

本章主要包括以下内容。第一，在异质性企业贸易理论模型中，纳入随市场化程度递减的扭曲参数，求解封闭经济条件下的市场均衡，以考察市场化程度对资源配置效率的影响。第二，将纳入市场化程度参数的封闭经济模型拓展到开放经济中，可以考察市场化改革与贸易自由化对临界生产率，进而对企业间资源配置效率的协同影响。第三，鉴于最终品贸易自由化和中间品贸易自由化对微观企业生产活动的不同影响，进一步探讨市场化改革与中间品贸易自由化对国内资源配置效率的协同影响。

本章的贡献在于以下几点。第一，既有的研究市场化改革的文献仅仅从经验上关注了其对行业或者是企业生产率的影响，本章则是在理论上清晰地指出市场化改革是如何通过改善市场扭曲这一渠道，来对单一企业生产率及行业总体资源配置效率产生影响的，不仅将企业与行业间的资源配置研究纳入一个统一的分析框架，还深化了市场化改革提升资源配置效率的机制研究。第二，为贸易自由化和市场化改革配置资源的研究建立理论分析框架，用数理模型的方式呈现出二者之间的互动效应。第三，分别研究最终品贸易自由化与中间品贸易自由化及市场化改革相互作用下的资源配置效率，拓展了贸易自由化促进国内资源配置的研究边际和范畴。

第一节 市场化改革对资源配置效率的影响：封闭情形

一、需求侧模型

沿袭 Melitz（2003）的做法，本章设定代表性消费者的效用函数采用不变替代弹性效用函数形式。本国代表性消费者的效用为

$$U = \left[\int_{\omega \in \Omega} q(\omega)^{\rho} d\omega\right]^{\frac{1}{\rho}} \tag{2-1}$$

其中，Ω 表示属于连续统的水平差异化的产品集合。ω 代表某一产品种类。q(ω) 为代表性消费者对种类 ω 的需求量。$\frac{1}{\rho}$代表消费者的多样性偏好程度，当$\frac{1}{\rho}\to 1$时，消费者的多样性偏好程度最强；当$\frac{1}{\rho}\to 0$时，消费者不具有偏好多样性。

通过在预算约束条件下求解最大化消费者的效用函数，可以得到消费者对种类 ω 的需求函数。根据 Dixit 和 Stiglitz（1977）的研究，消费者行为可以通过将可消费产品归于一个整体产品 Q=U，从而得到整体价格指数为

$$P=\left[\int_{\omega\in\Omega}p(\omega)^{1-\sigma}\right]^{\frac{1}{1-\sigma}} \tag{2-2}$$

将整体价格指数代入种类 ω 的需求函数之中，可以得到代表性消费者对某一产品种类的消费量和支出水平，具体表达式为

$$q(\omega)=Q\left[\frac{p(\omega)}{p}\right]^{-\sigma} \tag{2-3}$$

$$r(\omega)=R\left[\frac{p(\omega)}{p}\right]^{1-\sigma} \tag{2-4}$$

二、供给侧模型

（一）企业生产技术

在垄断竞争市场结构下，存在多家异质性企业。每家企业只生产一种产品，同时每个种类仅由一家企业生产。因此，该经济体所有产品种类数量恰好等于企业数量。劳动力是生产过程中使用的唯一生产要素，总数为 L，将工资标准化为 1。企业技术被定义为，生产一单位商品所需要的单位劳动力。因此，企业技术可以由成本函数表示。成本函数由固定成本和不变边际成本组成，相应的劳动力的使用数量是产出的线性函数，表达式为

$$l=f+\frac{q}{\varphi} \tag{2-5}$$

其中，f 代表生产的固定成本，φ 为异质性企业的生产率水平。生产率更高的企业以更低的边际成本生产产品，或者说同一成本下，生产率更高的企业可以生产更多的产品。假设企业的生产率 φ 服从帕累托分布，分布函数为 $G(\varphi)=1-\varphi^{-k}$。其中，形状参数为 k，且 $k>\sigma-1$，规模参数为 b，将规模参数 b 简化为 1①。此时，参数 k 度量了平均企业生产率的离散程度②。

① 这意味着假定试图进入市场的企业中生产率最低的企业生产率为 1。

② 帕累托分布的形状参数可以用来衡量企业异质性的程度。当帕累托分布的规模参数不变时，随着形状参数 k 的增加，生产率较高的企业数量下降，生产率较低的企业数量增加，平均生产率下降，这时，企业异质性程度减弱。

（二）市场化程度与扭曲

资源配置是否有效可以体现为，在企业实际产出与潜在产出之间加入一个扭曲锲子。假定市场不完全，本国企业收益面临着异质性的产出锲子 $t(\varphi)$，导致企业实际产出无法达到其潜在的产出水平。将 $t(\varphi)$ 定义为市场化改革程度的递减函数，并与企业自身生产率成比例，表达式为

$$t(\varphi)=\varphi^{\frac{-1}{\gamma}} \tag{2-6}$$

$$\pi_{\gamma}(\varphi)=t(\varphi)p(\varphi)q(\varphi)-l(\varphi) \tag{2-7}$$

这里，$\gamma\in(0,\infty)$，度量了市场化改革程度。由于 $\varphi\geqslant 1$，上式表明，市场化进程程度 γ 越高，$t(\varphi)$ 越大，企业面临的市场扭曲程度越小；反之，市场化进程程度 γ 越低，$t(\varphi)$ 越小，企业面临的市场扭曲程度越大。当 $\gamma\to\infty$ 时，则 $t(\varphi)=1$，表明市场无扭曲情形；当 $\gamma\to 0$，则 $t(\varphi)\to 0$，表明市场扭曲最大情形。

这种扭曲设定形式已被很多经济文献使用（Buera 和 Fattal-Jaef，2015；Hsieh 和 Klenow，2014；Bento 和 Restuccia，2017；Berthou 等，2018）。这种设定形式体现的是，微观企业受扭曲因素影响的程度与企业自身生产率成正比例，即生产率越高的企业受到的市场扭曲影响程度越低。这不仅更加接近现实，也能准确地反映出扭曲因素对总体生产率的影响。

（三）市场存在扭曲时的企业利润与收益

当市场中存在扭曲情形下，企业的利润函数表达式为

$$\pi_{\gamma}(\varphi)=\varphi^{\frac{-1}{\gamma}}p(\varphi)q(\varphi)-l(\varphi) \tag{2-8}$$

根据企业利润最大化的一阶条件，得到生产率为 φ 的企业利润最大化时的价格为

$$p_{\gamma}(\varphi)=\frac{1}{\rho\varphi^{1-\frac{1}{\gamma}}} \tag{2-9}$$

当市场中存在扭曲情形下，企业的收益和利润表达式分别为

$$r_{\gamma}(\varphi)=R(P\rho)^{\sigma-1}(\varphi)^{(\sigma-1)\left(1-\frac{1}{\gamma}\right)} \tag{2-10}$$

$$\pi_\gamma(\varphi)=\frac{r_\gamma(\varphi)}{\sigma}-f=\frac{R(P\rho)^{(\sigma-1)}\varphi^{(\sigma-1)\left(1-\frac{1}{\gamma}\right)}}{\sigma}-f \tag{2-11}$$

同时，当市场中存在扭曲情形时，任意两家企业的产出和收益的比例表达式为

$$\frac{q_\gamma(\varphi_1)}{q_\gamma(\varphi_2)}=\left(\frac{\varphi_1}{\varphi_2}\right)^{\sigma\left(1-\frac{1}{\gamma}\right)} \tag{2-12}$$

$$\frac{r_\gamma(\varphi_1)}{r_\gamma(\varphi_2)}=\left(\frac{\varphi_1}{\varphi_2}\right)^{(\sigma-1)\left(1-\frac{1}{\gamma}\right)} \tag{2-13}$$

为了不改变高生产率企业的竞争优势，保证收益和利润不随着企业生产率递减，这里假定 $\gamma>1$。这意味着，尽管面临着严重的市场扭曲因素，高生产率企业仍可以比低生产率企业销售更多的产品，获得更大的收益和利润。可以看到，生产率越高的企业（更高的 φ），越有更大的产量和收入。然而，市场化程度越高，不同企业之间的生产率差距和收益差距越会被拉大。进一步地，假定有 M 家企业成功进入市场，所有企业的生产率分布是（$0,\infty$）的一个子集 $\mu(\varphi)$。这时，在市场扭曲条件下的市场均衡中，总体价格 P、产量 Q、收益 R 和利润Ⅱ表达式分别为

$$P=M^{\frac{1}{1-\sigma}}p(\widetilde{\varphi}_\gamma),\quad Q=M^{\frac{1}{1-\sigma}}q(\widetilde{\varphi}_\gamma) \tag{2-14}$$

$$R=Mr(\widetilde{\varphi}_\gamma),\quad \Pi=M\left(\frac{r(\widetilde{\varphi}_\gamma)}{\sigma}-f\right) \tag{2-15}$$

这里，$\widetilde{\varphi}_\gamma=\left[\int_0^\infty(\varphi)^{\left(1-\frac{1}{\gamma}\right)(\sigma-1)}\mu(\varphi)d\varphi\right]^{\frac{1}{\left(1-\frac{1}{\gamma}\right)(\sigma-1)}}$，它独立于企业的数量 M。总体价格 P、产量 Q、收益 R 和利润 Π 分别是关于 $\widetilde{\varphi}_\gamma$ 所对应的价格、产量、收益和利润。

三、封闭经济下的市场均衡

企业的生产率 φ 决定了企业的核心竞争力，假定每个企业进入市场后的核心竞争力从共同的生产率分布 $g(\varphi)$ 中抽取出 φ，$g(\varphi)$ 是正的 $\varphi\in(0,\infty)$，

它的连续累积分布是 $G(\varphi)$。但是，企业进入市场前必须进行初始投资，付出以单位劳动力衡量的固定进入成本为 $f_e>0$。进入市场后，如果收益能弥补生产产品的固定成本，也就是说如果 $\pi\geqslant 0$，那么获取生产率 φ 的厂商将进行生产。如果定义获得零利润条件时的企业生产率临界值为 φ^*，那么，生产率低于 φ^* 水平的企业就会立即退出，而生产率等于或者高于 φ^* 水平的企业则会参与可获利的产品生产。

存在市场扭曲时，总体生产率水平可以表示成功进入国内市场的临界生产率 φ^* 的函数，$\overline{\varphi}(\varphi^*)=\left[\frac{1}{1-G(\varphi^*)}\int_{\varphi^*}^{\infty}\varphi^{(\sigma-1)\left(1-\frac{1}{\gamma}\right)}g(\varphi)d\varphi\right]^{\frac{1}{\sigma-1}}$。其中，密度函数 $g(\varphi)$ 是生产率为 φ 的企业占试图进入市场的企业总数的比重；$1-G(\varphi^*)=\int_{\varphi^*}^{\infty}g(\varphi)d\varphi$ 为成功进入市场的企业数量占试图进入市场的企业数量的比重，又称事前成功进入的概率。所以，$\mu(\varphi)\equiv\frac{g(\varphi)}{1-G(\varphi^*)}$为生产率为 φ 的企业占成功进入市场的企业总数的比重。可以看出，虽然 $g(\varphi)$ 是外生变量，但 $\mu(\varphi)$ 是内生变量，因为 $\mu(\varphi)$ 受 φ^* 的影响。

（一）临界生产率与企业数量

市场中存在扭曲情形时，生产率恰好为临界值的企业利润和收益表达式分别为

$$\pi(\varphi_\gamma^*)=\frac{r(\varphi_\gamma^*)}{\sigma}-f=0 \tag{2-16}$$

$$r(\varphi_\gamma^*)=R(P\rho)^{(\sigma-1)}(\varphi_\gamma^*)^{(\sigma-1)\left(1-\frac{1}{\gamma}\right)}=\sigma f \tag{2-17}$$

此时，存在扭曲情形时，企业的临界生产率表达式为

$$\varphi_\gamma^*=\left[\frac{\sigma f}{R(P\rho)^{(\sigma-1)}}\right]^{\frac{1}{(\sigma-1)\left(1-\frac{1}{\gamma}\right)}} \tag{2-18}$$

结合企业的生产率分布函数 $G(\varphi)=1-\varphi^{-k}$，可推导得到存在扭曲情形时，均衡条件下市场上所有企业的平均利润和收益表达式分别为

$$\pi_{a\gamma}=\pi(\widetilde{\varphi}_{\gamma})=\int_{\varphi^*}^{\infty}\left(\frac{R(P\rho)^{\sigma-1}\varphi^{(\sigma-1)\left(1-\frac{1}{\gamma}\right)}}{\sigma}-f\right)\frac{g(\varphi)}{1-G(\varphi^*)}d\varphi=f\left(\frac{k}{k-(\sigma-1)\left(1-\frac{1}{\gamma}\right)}-1\right) \tag{2-19}$$

$$\bar{r}_{a\gamma}=r(\bar{\varphi}_{\gamma})=\int_{\varphi^*}^{\infty}\frac{R(P\rho)^{\sigma-1}\varphi^{(\sigma-1)\left(1-\frac{1}{\gamma}\right)}g(\varphi)}{1-G(\varphi^*)}d\varphi=\frac{\sigma fk}{k-(\sigma-1)\left(1-\frac{1}{\gamma}\right)} \tag{2-20}$$

与此同时，存在扭曲情形时，在封闭均衡条件下成功进入市场的企业数量表达式为

$$M_{a\gamma}=\frac{R}{\bar{r}_{a\gamma}}=\frac{k-(\sigma-1)\left(1-\frac{1}{\gamma}\right)}{k\sigma f}L \tag{2-21}$$

联立企业自由进入市场的条件 $\bar{\pi}_a=\frac{\delta}{1-G(\varphi_a^*)}f_e$，可推导得到存在扭曲情形下的市场均衡中企业进入市场的临界生产率表达式为

$$\varphi_{a\gamma}^*=\left[\frac{f}{\delta f_e}\left(\frac{k}{k-(\sigma-1)\left(1-\frac{1}{\gamma}\right)}-1\right)\right]^{\frac{1}{k}} \tag{2-22}$$

由$\frac{\partial\varphi_{a\gamma}^*}{\partial\gamma}>0$，$\frac{\partial M_{a\gamma}}{\partial\gamma}<0$，可以得到，存在市场扭曲情形下的封闭均衡中，进入国内市场的临界生产率与市场化程度成正比例的关系，进入国内市场的企业数量与市场化程度成反比例的关系。这说明，随着市场化程度的深化，企业受到市场扭曲的影响减小，高生产率的企业扩大生产，与低生产率的企业争夺劳动力资源，生产率最低的企业最终因无法支付高额的劳动力工资而被迫退出市场，从而导致企业进入市场的临界生产率上升，总体企业数量减少。

（二）市场化程度与资源误置

存在市场扭曲时，封闭均衡条件下企业利润最大化的生产率函数表达式为

$$\pi_{\gamma}(\varphi)=t(\varphi)p(\varphi)q(\varphi)-l(\varphi) \tag{2-23}$$

依据 Hsieh 和 Klenow（2009）的研究，企业收益生产率（TFPR）与要素

边际产品价值和产出扭曲 $t(\varphi)$ 相关，将本书设定的 $t(\varphi)=\varphi^{-\frac{1}{\gamma}}$ 代入后得到，企业收益生产率与市场化进程之间的关系表达式为

$$TFPR(\varphi) \propto \varphi^{\frac{1}{\gamma}} \tag{2-24}$$

$$Sd[\log(TFPR)] = \frac{1}{\gamma} Sd[\log(TFPQ)] = \frac{1}{k\gamma} \tag{2-25}$$

$$Sd(TFPR) = Sd(TFPQ) = \sqrt{\frac{1}{M}\sum_{i=1}^{M}(TFPQ - \overline{TFPQ})} \tag{2-26}$$

在 Melitz 框架下，平均生产率 $\overline{TFPQ}$ 随着生产率临界值 φ^* 的上升而上升。因此，当存在市场扭曲的情形下，企业间收益生产率的离散度会随着市场化程度 γ、临界生产率 φ^* 的上升而下降。这是因为，在封闭条件下，市场化改革的深化提高了高生产率企业的生产，加剧了其与低生产率企业的市场竞争，导致更多低生产率企业退出市场，从而提升了企业进入市场的临界生产率，缩小了行业内企业间的 TFPR① 离散度。这表明，在封闭条件下，市场化改革能够通过迫使低生产率企业退出市场，促使更多资源从低生产率企业流向高生产率企业，有效提高企业间的资源配置效率。据此，可以得到本书的第一个理论假说。

理论假说1

在封闭情形下，当市场中存在扭曲时，市场化改革会提升企业进入国内市场的生产率临界值，以及低效率企业退出市场的概率，促使资源从低生产率企业流向高生产率企业，优化资源配置效率。即在封闭条件下，致力于缓解市场扭曲的市场化改革对企业间 TFPR 离散度有负向影响。

理论假说 1 的经济逻辑在于，在封闭条件下，市场中存在扭曲，只有生产率足够高的企业才能支付更高的沉没成本，在市场中生产销售。随着市场化改革的深化，企业面临的产出扭曲不断降低，大量高生产率企业扩大生产，与低生产率企业竞争劳动力资源，从而迫使低生产率企业退出市场，有效缩

① 实际生产率（TFPQ）和收益生产率（TFPR）二者之间的关系表示为 TFPR = P×TFPQ。二者间的区别和联系详见第三章。

小了企业间 TFPR 的离散度。从这个方面来讲，在封闭情形下，致力于缓解市场扭曲的市场化改革，能够达到优化资源配置的效果。

第二节　市场化改革对资源配置效率的影响：最终品贸易自由化情形

同样地，借鉴 Melitz（2003）中开放情形的设定，接下来，将在开放条件下考察市场化程度是怎样对资源配置效率产生影响的。假设世界由两个完全对称的国家组成，外国和本国采取完全相同的贸易政策，每个国家均有 L 个消费者，工资相等，标准化为 1。每个国家的企业生产率都服从帕累托分布，而且有相同的形状参数和规模参数。与封闭条件下一致，劳动力是生产过程中使用的唯一要素，企业出口产品同样需要支付 f_x 单位劳动力的市场进入成本，并对每单位产品支付冰山运输成本 $\tau(\tau>1)$。此时，企业利润最大化问题的函数表达式为

$$\pi_\gamma(\varphi)=t(\varphi)(1+\tau)p(\varphi)q(\varphi)-l(\varphi) \tag{2-27}$$

不难得到，在开放情形下，企业收益生产率与市场化改革程度 γ 和贸易成本 τ 相关。直观上，贸易成本 τ 下降，企业的 TFPR 将上升。与此同时，在开放条件下，贸易成本会分别通过影响企业进入国内市场和出口市场的临界生产率来影响企业间的 TFPR 离散度。

$$\text{TFPR}(\varphi)\propto\frac{1}{\varphi^{-\frac{1}{\gamma}}(1+\tau)} \tag{2-28}$$

一、需求量和利润函数

每家企业的定价规则与封闭条件一样，出口企业会在出口市场上设定更高的价格以支付增加的边际贸易成本 τ。此时，企业在出口市场上的出口价格和收益表达式分别为

$$p_x^\gamma(\varphi)=\frac{\tau}{\rho\varphi^{1-\frac{1}{\gamma}}}=\tau p_d^\gamma(\varphi) \tag{2-29}$$

$$r_{x\gamma}(\varphi)=\tau^{1-\sigma}r_{d\gamma}(\varphi)=\tau^{1-\sigma}R(P\rho)^{\sigma-1}(\varphi)^{(\sigma-1)\left(1-\frac{1}{\gamma}\right)} \tag{2-30}$$

二、临界生产率和企业数量

在开放条件下，企业选择进入国内外市场，都面临着需要进行初始投资 f_x，获利的生产率临界条件的表达式为

$$\pi_{x\gamma}(\varphi)=\frac{r_{x\gamma}(\varphi)}{\sigma}-f_x=0 \tag{2-31}$$

根据式（2-31）可得，企业进入国内、国外市场的临界生产率之间的关系为

$$\frac{r_{x\gamma}(\varphi_{x\gamma}^*)}{r_{d\gamma}(\varphi_{d\gamma}^*)}=\tau^{1-\sigma}\left(\frac{\varphi_{x\gamma}^*}{\varphi_{d\gamma}^*}\right)^{(\sigma-1)\left(1-\frac{1}{\gamma}\right)}=\frac{f_x}{f} \tag{2-32}$$

这里，为了保证 $\varphi_{x\gamma}^*>\varphi_{d\gamma}^*$，即出口企业与仅供国内市场的企业相比，有更高的生产率，需要满足条件：$\tau^{\sigma-1}f_x>f$。

进行局部均衡分析得到，企业进入出口市场的临界生产率表达式为 $\varphi_{x\gamma}^*=\left[\frac{\sigma f_x\tau^{\sigma-1}}{R(P\rho)^{\sigma-1}}\right]^{\frac{1}{(\sigma-1)\left(1-\frac{1}{\gamma}\right)}}$。可以得到，$\frac{\left|\frac{\partial\log\varphi_{x\gamma}^*}{\partial\log\tau}\right|}{\partial\gamma}<0$，说明市场化改革降低了出口市场的临界生产率对贸易成本的敏感性。

三、最终品贸易自由化下的市场均衡

在开放情形下，成功进入国内市场和出口市场的企业数量分别为

$$M_{o\gamma}=\frac{R}{\bar{r}}=\frac{L}{r_d(\tilde{\varphi}_\gamma)+\frac{1-G(\tilde{\varphi}_x)}{1-G(\varphi^*)}r_x(\tilde{\varphi}_{x\gamma})}=\frac{k-(\sigma-1)\left(1-\frac{1}{\gamma}\right)}{k\sigma\left(f+f_x\left(\frac{f_x}{f}\tau^{\sigma-1}\right)^{\frac{-k}{(\sigma-1)\left(1-\frac{1}{\gamma}\right)}}\right)}L \tag{2-33}$$

$$M_{x\gamma}=\frac{1-G(\varphi_x^*)}{1-G(\varphi_d^*)}\times M=\left(\frac{f_x}{f}\tau^{\sigma-1}\right)^{\frac{-k}{(\sigma-1)\left(1-\frac{1}{\gamma}\right)}}\times M_{o\gamma} \tag{2-34}$$

同样地，在联立开放情形下，企业自由进入市场的条件：$\overline{\pi}_{od}+\frac{1-G(\varphi_{ox}^*)}{1-G(\varphi_o^*)}\overline{\pi}_{ox}=\frac{\delta}{1-G(\varphi_o^*)}f_e$，可推导出，在开放条件下，企业进入国内市场的临界生产率水平表达式为

$$\varphi_{o\gamma}^*=\left\{\frac{1}{\delta f_e}\left[\frac{k}{k-(\sigma-1)\left(1-\frac{1}{\gamma}\right)}-1\right]\left[f+f_x\left(\frac{f_x}{f}\tau^{\sigma-1}\right)^{\frac{-k}{(\sigma-1)\left(1-\frac{1}{\gamma}\right)}}\right]\right\}^{\frac{1}{k}} \tag{2-35}$$

由$\frac{\partial\varphi_{o\gamma}^*}{\partial\tau}<0$，$\frac{\partial\varphi_{o\gamma}^*}{\partial\gamma}>0$，可以得到，在国内市场存在市场扭曲情形下的开放均衡中，进入国内市场的临界生产率与市场化程度成正比、与最终品贸易自由化成反比的关系。这说明，在开放情形下，国内市场化改革与最终品贸易自由化同时提高了企业进入市场的临界生产率。其中的理论逻辑在于以下几点。第一，国内市场化改革缓解了企业面临的产出扭曲局面，高生产率企业通过生产扩张，与低生产率企业争夺劳动力资源，迫使低生产率企业退出市场。第二，贸易成本下降，导致能够进入出口市场的高生产率企业又与低生产率企业在劳动力要素市场中的竞争加剧，而高生产率企业因其获利能力具有劳动力竞争优势，同样迫使低生产率企业退出市场。可见，国内市场化改革与最终品贸易自由化共同导致企业进入国内市场的生产率临界值上升。此外，由$\frac{M_o}{M_a}=\frac{1}{1+\frac{f_x}{f}\left(\frac{f_x}{f}\tau^{\sigma-1}\right)^{\frac{k}{(\sigma-1)\left(1-\frac{1}{\gamma}\right)}}}<1$，不难得出，开放均衡时的企业数量小于封闭情形。这表明，在开放情形下，最终品贸易自由化与市场化改革对国内市场临界生产率的提升有推动作用，迫使大量低生产率企业退出市场，因而国内市场上的总体企业数量小于封闭情形时的企业数量。据此，可以得到本书的第二个理论假说。

理论假说2

在国内市场存在扭曲的情况下，最终品贸易自由化与市场化改革通过共同提高企业进入国内市场的临界生产率，从而发挥了正向的资源再配置作用。贸易成本下降，导致能够进入出口市场的高生产率企业与低生产率企业在劳动力要素市场中的竞争加剧，迫使低生产率企业退出市场。可以说，最终品贸易自由化与市场化改革通过共同提高企业进入国内市场的临界生产率，相互强化了另一方对企业间 TFPR 离散度的负向影响。

求解得到企业进入国内市场的生产率临界值后，可以得到企业进入出口市场的临界生产率，其表达式为

$$\varphi_{x\gamma}^{*}=\left(\frac{f_x}{f}\tau^{\sigma-1}\right)^{\frac{1}{(\sigma-1)\left(1-\frac{1}{\gamma}\right)}}\varphi_{o\gamma}^{*}$$

$$=\left(\frac{f_x}{f}\tau^{\sigma-1}\right)^{\frac{1}{(\sigma-1)\left(1-\frac{1}{\gamma}\right)}}\left\{\frac{1}{\delta f_e}\left[\frac{k}{k-(\sigma-1)\left(1-\frac{1}{\gamma}\right)}-1\right]\left[f+f_x\left(\frac{f_x}{f}\tau^{\sigma-1}\right)^{\frac{-k}{(\sigma-1)\left(1-\frac{1}{\gamma}\right)}}\right]\right\}^{\frac{1}{k}} \tag{2-36}$$

通过上式（2-36）分别对关税和市场化进程指数求一阶偏导，并通过数值模拟得到$\frac{\partial\varphi_{x\gamma}^{*}}{\partial\tau}>0$，$\frac{\partial\varphi_{x\gamma}^{*}}{\partial r}>0$，说明企业出口的临界生产率水平随着关税削减而降低，随着市场化程度的深化而提升，这也就解释了市场化改革为什么会降低了出口临界生产率对贸易成本的敏感性，即$\frac{\partial\left|\frac{\partial\log\varphi_{x\gamma}^{*}}{\partial\log\tau}\right|}{\partial\gamma}<0$。

进一步地，根据企业进入国内市场和出口市场临界生产率之间的关系，可得

$$\frac{\partial(\varphi_{x\gamma}^{*}/\varphi_{d\gamma}^{*})}{\partial\tau}>0,\quad \frac{\partial(\varphi_{x\gamma}^{*}/\varphi_{d\gamma}^{*})}{\partial r}<0,\quad \frac{\partial\frac{\partial(\varphi_{x\gamma}^{*}/\varphi_{d\gamma}^{*})}{\partial\tau}}{\partial\gamma}<0 \tag{2-37}$$

一阶偏导符号为正表明，贸易自由化在提高企业进入国内市场的生产率

临界点的同时，又降低了企业进入出口市场的生产率临界值，从而有效缩小了非出口企业与出口企业间的生产率差距。尽管市场化改革同时提高了企业进入国内市场和出口市场的生产率临界点，但是也有效缩小了出口企业与非出口企业间的生产率差距，表明市场化改革对出口市场临界生产率的提升效应，低于对国内市场临界生产率的提升效应。

二阶偏导符号为负，这是因为市场化改革有利于提升出口市场上的临界生产率，从而弱化了贸易成本下降对出口企业与非出口企业之间生产率差异的缩减效应。基于上述分析，可以得到本书的第三个理论假说。

理论假说3

在国内市场存在扭曲的开放均衡中，贸易自由化在提升企业进入国内市场临界生产率的同时，降低了企业进入出口市场的临界生产率，从而缩小了出口企业与非出口企业间的生产率差异。然而，市场化改革通过提升出口市场的临界生产率，削弱了贸易自由化缩小出口企业与非出口企业间生产率差异的效应。

综上所述，最终品贸易自由化与市场化改革对企业进入国内外市场的临界生产率的影响如图 2-1 所示。第一，当国内市场存在扭曲时，不论是在封闭情形还是在开放情形下，企业进入国内市场的临界生产率均小于无扭曲情形时的水平[①]。对外开放后，贸易自由化对临界生产率的提升作用，将封闭情形的 $\varphi_{a\gamma}^*$ 提升至 φ_o^*。但是市场化改革通过缓解企业面临的市场扭曲，扩大了高生产率企业的生产活动，会加剧其与低生产率企业的资源竞争，迫使低生产率企业退出市场，从而使国内生产率的临界点提升至 $\varphi_{o\gamma}^*$。第二，对于企业进入出口市场的临界生产率的影响。随着贸易成本的下降，出口市场的临界点下降至 φ_{ox}^*。然而，在存在市场扭曲情形下的市场化改革，缓解了企业产出扭曲，高生产率出口企业生产的扩张加剧了劳动力要素市场的稀缺性，促使更多低生产率企业退出出口市场，使出口生产率临界点从 φ_{ox}^* 上升到 $\varphi_{o\gamma x}^*$。最终，企业进入国内外市

① 根据第六章数值模拟结果得到。

场的生产率临界点差距从 $\Delta|\varphi^*_{ox}-\varphi^*_{o}|$ 变化成 $\Delta|\varphi^*_{o\gamma x}-\varphi^*_{o\gamma}|$。由 $\frac{\partial(\varphi^*_{x\gamma}/\varphi^*_{o\gamma})/\partial\tau}{\partial\gamma}<0$，可以得出，$\Delta|\varphi^*_{ox}-\varphi^*_{o}|<\Delta|\varphi^*_{orx}-\varphi^*_{or}|$，市场化改革削弱了贸易自由化缩小出口企业与非出口企业间生产率差异的效应。从这个角度来看，现有支持企业出口市场的一些贸易政策，如出口退税、出口补贴等政策会降低企业出口的成本，对于缩小出口企业与非出口企业之间的生产率差异具有正向作用，如图 2-1 所示。

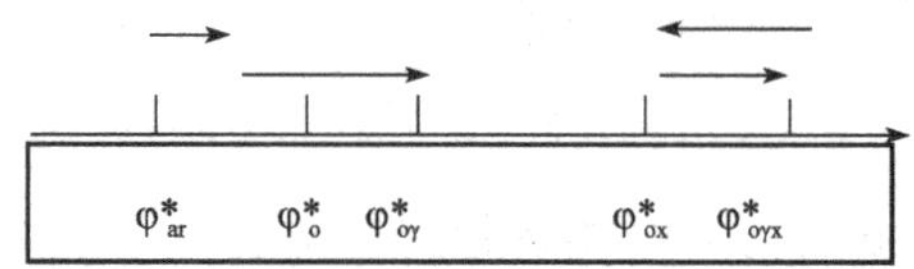

图 2-1　自由化与市场化改革对企业进入国内外市场的临界生产率的影响

上述分析表明，在国内市场存在扭曲的情况下，贸易自由化与市场化改革主要通过两个渠道影响企业间的 TFPR 离散度：一是通过共同提高企业进入国内市场的临界生产率；二是通过影响出口市场上的临界生产率，以及出口企业与非出口企业之间的生产率差异，来影响企业间的 TFPR 离散度。

贸易自由化与市场化改革通过提升企业进入国内市场的临界生产率，相互强化了另一方对企业间 TFPR 离散度的负向影响。市场化改革通过提升出口市场的临界生产率，削弱了最终品贸易自由化缩小出口企业与非出口企业间生产率差异的效应。因此，最终品贸易自由化与市场化改革的交互项对 TFPR 离散度的影响符号取决于二者间互补效应与替代效应的角逐。

第三节　市场化改革对资源配置效率的影响：中间品贸易自由化情形

现有文献普遍证实了，中间品贸易自由化会通过技术溢出、增加中间投入种类、获得高质量要素投入等多种渠道提高企业的生产率（Amiti 和 Kon-

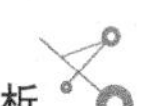

ings，2007；毛其淋，2013b），促进企业研发创新（Goldberg 等，2009；田巍和余淼杰，2014），提升企业出口产品质量（Chu 等，2018；Amiti 和 Khandelwal，2013），增加企业加成率（Fan 等，2017）。这些研究提醒着我们，在研究贸易自由化的资源配置效应时，区分最终品关税削减与中间品关税削减对国内资源配置效率的影响是有必要的。因此，本部分进一步深入分析了贸易自由化与市场化改革对资源配置效率的协同影响及相关作用机理。

一、最终品与中间品部门生产技术

在本部分理论模型中，消费者需求的相关假定仍与 Melitz（2003）模型相同。在两国模型中，每个国家都存在两个经济部门：中间品生产部门与最终品生产部门。假设中间品生产部门的市场结构为完全竞争市场，所有企业生产所需要的唯一投入要素都是劳动力，生产出同质性的中间品，但不同国家生产的中间品不同。企业生产的规模报酬不变，单位中间品需要一个数量的劳动投入，将国内工资标准化为 1，因此国内中间品的价格也为 1。

另一个部门为最终品生产部门，本小节主要分析中间品贸易自由化的影响，因此，假定最终品生产部门为非出口企业。假设最终品生产部门的市场结构是垄断竞争的，企业成功进入市场需要支付 f_e 单位劳动的沉没成本，并从随机分布函数中 $G(\varphi)$ 抽取生产率 $\varphi(\varphi>0)$。最终品生产部门在规模报酬不变的柯布-道格拉斯生产函数（CD），技术下投入劳动力和资本，最终品生产部门的生产函数表达式为

$$q(\varphi)=\varphi x^{\eta}l^{1-\eta} \tag{2-38}$$

其中，$q(\varphi)$ 表示最终品生产部门的产出，φ 表示企业生产率，l 表示劳动要素投入，x 表示中间投入品。最终品生产部门同时使用来自国内的中间投入要素 x_d 和国外的中间投入要素 x_m 进行生产。假定最终产品生产企业在中间品市场中均是价格接受者，进口中间品时面临的国内进口关税为 τ_m，参照 Bas 和 Berthou（2016）关于国内外两种要素满足如下替代弹性为 CES 的函数表达式为

$$x=[(x_d)^{\alpha}+(bx_m)^{\alpha}]^{\frac{1}{\alpha}} \tag{2-39}$$

其中，x 是企业的产量，x_d 是国内中间投入品要素，x_m 是进口中间投入

品要素，$\theta=\frac{1}{1-\alpha}$是国内外中间投入品之间的替代弹性。这里，b 体现了本国中间品和进口中间品在生产中的相对重要程度，如果 b 较大，就意味着进口中间品 x_m 相对于本国中间品 x_d 对最终品的生产的贡献度更大。此外，b 还表示企业利用进口中间品的效率水平，度量了企业的研发创新能力。b 越大，说明企业对中间投入品的利用效率越高，研发创新能力越强。当 b = 1 时，表示企业生产率水平较低，无法从事研发创新活动。

根据企业利润最大化的一阶条件，得到生产率为 φ 的企业利润最大化时的价格表达式为

$$p(\varphi)=\frac{1}{\rho}\frac{c_i}{\varphi},\quad \left(\frac{1}{\rho}=\frac{\sigma}{\sigma-1}\right) \tag{2-40}$$

可以看到，将中间品引入生产后，企业的边际成本包含生产率 φ 和成本 c 两部分，而成本 c 由中间投入要素价格决定。在式（2-39）的设定下，高生产率、低生产率企业的生产成本 c 表达式分别为

$$c_l=\left[1+(\tau_m)^{\frac{\alpha}{(\alpha-1)}}\right]^{\frac{\eta(\alpha-1)}{\alpha}} \tag{2-41}$$

$$c_h=\left[1+\left(\frac{\tau_m}{b_h}\right)^{\frac{\alpha}{(\alpha-1)}}\right]^{\frac{\eta(\alpha-1)}{\alpha}} \tag{2-42}$$

进一步地，高生产率企业与低生产率企业之间的相对边际成本表达式为

$$\frac{c_h}{c_l}=\left[\frac{(\tau_m)^{\frac{\alpha}{1-\alpha}}+1}{(\tau_m)^{\frac{\alpha}{1-\alpha}}+b^{\frac{\alpha}{1-\alpha}}}\right]^{\eta\frac{1-\alpha}{\alpha}} \tag{2-43}$$

因为，0<α<1 且 b≥1，根据相对边际成本可以得到，$\frac{\partial\left(\frac{c_h}{c_l}\right)}{\partial\tau_m}>0$，说明中间品贸易自由化将会降低高生产率企业进行研发创新的相对成本。

二、企业利润与临界生产率

（一）市场扭曲与企业利润

假设最终品生产部门也面临着异质性的产出扭曲 $t(\varphi)=\varphi^{-\frac{1}{\gamma}}$，（0<γ<∞）。

此时，企业利润最大化问题的函数可以写为

$$\pi_{\gamma}(\varphi)=t(\varphi)p(\varphi)q(\varphi)-L-p_xX \tag{2-44}$$

在中间品贸易自由化情形下，中间品关税削减会直接降低企业的生产成本，企业利润将上升，这不仅提高了企业在市场中存活的概率，还可能吸引更多的企业进入市场。另外，市场化改革与中间品贸易成本也会同时影响中间投入要素的边际产出价值，其表达式为

$$MPRX=\eta\frac{pq(\varphi)}{X}=\frac{p_x}{\varphi^{-\frac{1}{\gamma}}}=\frac{c_x}{\varphi^{-\frac{1}{\gamma}}} \tag{2-45}$$

企业收益生产率除了与产出扭曲 $t(\varphi)$ 相关，还与中间品贸易成本 τ_m 相关。进而，中间品贸易成本可能通过中间投入要素的边际产出价值和企业进入市场的临界生产率水平影响企业间的 TFPR 离散度，其表达式为

$$TFPR(\varphi)\propto(MPRL)^{1-\eta}(MPRX)^{\eta}\propto\frac{1}{t(\varphi)} \tag{2-46}$$

（二）生产率临界值

低生产率企业在利润最大化条件下的价格和利润表达式分别为

$$p_{m\gamma}(\varphi)=\frac{c}{\rho\varphi^{1-\frac{1}{\gamma}}} \tag{2-47}$$

$$\pi_{ml\gamma}(\varphi)=\frac{R(P\rho)^{\sigma-1}c_l^{(1-\sigma)}(\varphi_l)^{(\sigma-1)\left(1-\frac{1}{\gamma}\right)}}{\sigma}-f \tag{2-48}$$

高生产率企业进行研发创新需要支付一个额外的固定成本 f_h，因此高生产率企业的收益表达式为

$$\pi_{mh\gamma}(\varphi)=\frac{R(P\rho)^{\sigma-1}c_h^{(1-\sigma)}(\varphi_h)^{(\sigma-1)\left(1-\frac{1}{\gamma}\right)}}{\sigma}-f-f_h=\frac{r_l(\varphi)\left(\frac{c_h}{c_l}\right)^{1-\sigma}}{\sigma}-f-f_h \tag{2-49}$$

此时，企业进入市场的生产率临界条件并与进行研发创新活动的生产率临界条件分别为

$$\varphi^{*}_{ml\gamma}=\left[\frac{\sigma f c^{\sigma-1}}{R(P\rho)^{\sigma-1}}\right]^{\frac{1}{(\sigma-1)\left(1-\frac{1}{\gamma}\right)}} \tag{2-50}$$

$$\varphi^{*}_{mh\gamma}=\left[\frac{\sigma f_{h}}{R(P\rho)^{\sigma-1}(c_{h}^{1-\sigma}-c_{l}^{1-\sigma})}\right]^{\frac{1}{(\sigma-1)\left(1-\frac{1}{\gamma}\right)}} \tag{2-51}$$

$$\varphi^{*}_{mh\gamma}=\varphi^{*}_{ml\gamma}\left(\frac{f_{h}}{f}\right)^{\frac{1}{(\sigma-1)\left(1-\frac{1}{\gamma}\right)}}\left[\left(\frac{c_{h}}{c_{l}}\right)^{1-\sigma}-1\right]^{\frac{-1}{(\sigma-1)\left(1-\frac{1}{\gamma}\right)}} \tag{2-52}$$

这里，要保证 $\varphi^{*}_{mh\gamma}>\varphi^{*}_{ml\gamma}$，即从事研发创新活动的企业生产率高于非研发企业的生产率，需要满足条件 $f_{h}>f\left[\left(\frac{c_{h}}{c_{l}}\right)^{1-\sigma}-1\right]$。

三、中间品贸易自由化下的市场均衡

联立企业自由进入市场的条件：$\overline{\pi}_{ml\gamma}+\frac{1-G(\varphi^{*}_{mh\gamma})}{1-G(\varphi^{*}_{ml\gamma})}\overline{\pi}_{mh\gamma}=\frac{\delta}{1-G(\varphi^{*}_{ml\gamma})}f_{e}$，可推导得到企业进入国内市场的临界生产率为

$$\varphi^{*}_{ml\gamma}=\left\{\frac{1}{\delta f_{e}}\left[\frac{k}{k-(\sigma-1)\left(1-\frac{1}{\gamma}\right)}-1\right]\right\}^{\frac{1}{k}}\left\{f+f_{h}\left(\frac{f_{h}}{f}\right)^{\frac{-k}{(\sigma-1)\left(1-\frac{1}{\gamma}\right)}}\left[\left(\frac{c_{h}}{c_{l}}\right)^{1-\sigma}-1\right]^{\frac{k}{(\sigma-1)\left(1-\frac{1}{\gamma}\right)}}\right\}^{\frac{1}{k}} \tag{2-53}$$

将上式分别对中间投入品关税、市场化进程参数求一阶偏导可得

$$\frac{\partial\varphi^{*}_{ml\gamma}}{\partial\tau_{m}}<0,\frac{\partial\varphi^{*}_{ml\gamma}}{\partial\gamma}>0 \tag{2-54}$$

上式表明，在国内市场存在扭曲情形下，进入国内市场的临界生产率与中间品贸易自由化、市场化程度分别成正比、反比的关系。一方面，中间品关税的削减为企业节约了生产成本，并带来多样化的优质要素，不仅有利于提升低生产率企业的生产率，更会极大地促进高生产率企业的生产扩张和研发活动，加剧劳动力要素的资源竞争，从而促进临界生产率的提升。另一方面，国内市场化改革通过缓解企业面临的产出扭曲，有利于高生产率企业的生产扩张和研发活动，促进市场出清机制和市场选择效应的

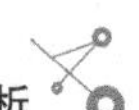

发挥，进而提高企业进入国内市场的临界生产率。

理论假说4

在国内市场存在扭曲的情况下，中间品贸易自由化为企业节约了生产成本，并带来多样化的优质要素，有利于促进高生产率企业的生产扩张和研发活动，从而促进临界生产率的提升。鉴于此，中间品贸易自由化与市场化改革对企业进入国内市场的临界生产率都具有提升作用，因而在优化资源配置效率方面存在互补性。

将$\varphi_{mh\gamma}^{*}=\varphi_{ml\gamma}^{*}\left(\frac{f_h}{f}\right)^{\frac{1}{(\sigma-1)\left(1-\frac{1}{\gamma}\right)}}\left[\left(\frac{c_h}{c_l}\right)^{1-\sigma}-1\right]^{\frac{-1}{(\sigma-1)\left(1-\frac{1}{\gamma}\right)}}$分别对中间投入品关税、市场化进程参数求一阶偏导可得

$$\frac{\partial\varphi_{mh\gamma}^{*}}{\partial\tau_m}>0,\quad \frac{\partial\varphi_{mh\gamma}^{*}}{\partial\gamma}>0 \tag{2-55}$$

这说明，在国内市场存在扭曲情形下，企业从事研发创新的临界生产率随着中间品关税的减让而降低，更多企业将由低生产技术升级到高生产技术。如前文所述，市场化改革通过缓解市场扭曲，有利于市场资源顺畅地配置到从事研发创新的高生产率企业，企业从事研发创新的临界生产率会随之上升。中间品关税削减与市场化改革对企业从事研发创新的临界生产率水平有完全相反的作用力，因此企业从事研发创新的临界生产率水平是上升还是下降取决于这两种效应的大小。

最后，根据高生产率、低生产率企业间的关系表达式$\frac{\varphi_{mh\gamma}^{*}}{\varphi_{ml\gamma}^{*}}=\left(\frac{f_h}{f}\right)^{\frac{1}{(\sigma-1)\left(1-\frac{1}{\gamma}\right)}}\left[\left(\frac{c_h}{c_l}\right)^{1-\sigma}-1\right]^{\frac{-1}{(\sigma-1)\left(1-\frac{1}{\gamma}\right)}}$对中间投入品关税、市场化进程参数求一阶偏导和二阶偏导可得

$$\frac{\partial\left(\frac{\varphi_{mh\gamma}^{*}}{\varphi_{ml\gamma}^{*}}\right)}{\partial\tau_m}>0,\quad \frac{\partial\left(\frac{\varphi_{mh\gamma}^{*}}{\varphi_{ml\gamma}^{*}}\right)}{\partial\gamma}<0,\quad \frac{\partial\left(\frac{\varphi_{mh\gamma}^{*}}{\varphi_{ml\gamma}^{*}}\right)}{\frac{\partial\tau_m}{\partial\gamma}}<0 \tag{2-56}$$

上式表明，企业间的生产率差距，分别随着中间品关税削减和市场化程度的深化而下降。这是因为中间品贸易自由化虽然提高了企业进入国内市场的生产率临界点，但是降低了企业从事研发活动的生产率临界点，有效缩小了企业间的生产率差距。虽然市场化改革同时提高了企业进入国内市场和从事研发活动的生产率临界点，但是对企业进入国内市场临界生产率的提升作用大于从事研发创新活动的临界生产率，因而也缩小了企业间的生产率差距。二阶偏导的符号为负说明，市场化改革由于提高了企业从事研发创新活动的临界生产率，因此，弱化了中间品关税下降对高技术、低技术企业间的生产率差异的缩减效应。据此，可以得到本书的第 5 个理论假说。

理论假说5

在国内市场存在扭曲的开放均衡中，中间品贸易自由化在提升企业进入国内市场临界生产率的同时，降低了企业从事研发创新活动的临界生产率，从而缩小了企业生产率间的差异。然而，市场化改革通过提升企业研发创新活动的临界生产率，削弱了中间品贸易自由化缩小低技术企业与高技术企业间生产率差异的效应。

总体上，中间品贸易自由化与市场化改革通过提升企业进入国内市场的临界生产率，相互强化了另一方对企业间 TFPR 离散度的负向影响。市场化改革通过提升企业从事研发活动的临界生产率，削弱了中间品贸易自由化缩小高技术、低技术企业间生产率差异的效应。因此，中间品贸易自由化与市场化改革的交互项对 TFPR 离散度的影响符号，取决于中间品贸易自由化与市场化改革二者间互补效应与替代效应的大小。

本章小结

本章在企业异质性模型的基础上，纳入受市场化改革影响的扭曲参数，从理论上分析了市场化改革和贸易自由化是如何影响企业间的资源配置效率，并得到了以下五个理论假说。

第一，在封闭情形下，当市场中存在扭曲时，市场化改革会提升企业进入国内市场的生产率临界值，以及低生产率企业退出市场的概率，促使资源从低生产率企业流向高生产率企业，优化资源配置效率。即在封闭条件下，致力于缓解市场扭曲的市场化改革对企业间TFPR离散度有负向影响。

第二，在国内市场存在扭曲的情况下，最终品贸易自由化与市场化改革通过共同提高企业进入国内市场的临界生产率，从而发挥了正向的资源再配置作用。贸易成本下降，导致能够进入出口市场的高生产率企业与低生产率企业在劳动力要素市场中的竞争加剧，迫使低生产率企业退出市场。可以说，最终品贸易自由化与市场化改革通过共同提高企业进入国内市场的临界生产率，相互强化了另一方对企业间TFPR离散度的负向影响。

第三，在国内市场存在扭曲的开放均衡中，最终品贸易自由化在提升企业进入国内市场临界生产率的同时，降低了企业进入出口市场的临界生产率，从而缩小了出口企业与非出口企业间的生产率差异。然而，市场化改革通过提升出口市场的临界生产率，削弱了最终品贸易自由化缩小出口企业与非出口企业间生产率差异的效应。

第四，在国内市场存在扭曲的情况下，中间品贸易自由化为企业节约了生产成本，并带来多样化的优质要素，有利于促进高生产率企业的生产扩张和研发活动，从而促进临界生产率的提升。鉴于此，中间品贸易自由化与市场化改革对企业进入国内市场的临界生产率都具有提升作用，因而在优化资源配置效率方面存在互补性。

第五，在国内市场存在扭曲的开放均衡中，中间品贸易自由化在提升企业进入国内市场临界生产率的同时，降低了企业从事研发创新活动的临界生产率，从而缩小了企业生产率间的差异。然而，市场化改革通过提升企业研发创新活动的临界生产率，削弱了中间品贸易自由化缩小低技术企业与高技术企业间生产率差异的效应。

最后，本章将存在市场扭曲情形的拓展模型结果与Melitz（2003）市场无扭曲情形各项指标进行对比，如表2-1所示。

表 2-1　纳入市场化改革的模型与 Melitz 模型

项目	Melitz（2003）市场无扭曲的封闭情形	存在市场扭曲的封闭情形	Melitz（2003）市场无扭曲的开放情形	存在市场扭曲的开放情形
企业平均利润	$\overline{\pi}_a=f\left[\frac{\sigma-1}{k-(\sigma-1)}\right]$	$\overline{\pi}_{a\gamma}=f\left[\frac{(\sigma-1)\left(1-\frac{1}{\gamma}\right)}{k-(\sigma-1)\left(1-\frac{1}{\gamma}\right)}\right]$	$\overline{\pi}_o=\left[f+f_x\left(\frac{f_x}{f}\tau^{\sigma-1}\right)^{\frac{-k}{\sigma-1}}\right]\times\frac{\sigma-1}{k-(\sigma-1)}$	$\overline{\pi}_{o\gamma}=\left[f+f_x\left(\frac{f_x}{f}\tau^{\sigma-1}\right)^{\frac{-k}{(\sigma-1)\left(1-\frac{1}{\gamma}\right)}}\right]\times\frac{(\sigma-1)\left(1-\frac{1}{\gamma}\right)}{k-(\sigma-1)\left(1-\frac{1}{\gamma}\right)}$
进入市场的企业数量	$M_a=\frac{k-(\sigma-1)}{\sigma fk}L$	$M_{ar}=\frac{k-(\sigma-1)\left(1-\frac{1}{\gamma}\right)}{\sigma fk}L$	$M_o=\frac{L}{\sigma\left[f+f_x\left(\frac{f_x}{f}\tau^{\sigma-1}\right)^{\frac{-k}{\sigma-1}}\right]}\times\frac{k-(\sigma-1)}{k}$	$M_{o\gamma}=\frac{L}{\sigma\left[f+f_x\left(\frac{f_x}{f}\tau^{\sigma-1}\right)^{\frac{-k}{(\sigma-1)\left(1-\frac{1}{\gamma}\right)}}\right]}\times\frac{k-(\sigma-1)\left(1-\frac{1}{\gamma}\right)}{k}$
进入市场的临界生产率	$\varphi_a^*=\left[\frac{\sigma-1}{k-(\sigma-1)}\frac{f}{\delta f_e}\right]^{\frac{1}{k}}$	$\varphi_a^*=\left[\frac{(\sigma-1)\left(1-\frac{1}{\gamma}\right)}{k-(\sigma-1)\left(1-\frac{1}{\gamma}\right)}\frac{f}{\delta f_e}\right]^{\frac{1}{k}}$	$\varphi_o^*=\left[\frac{1}{\sigma f_e}\frac{\sigma-1}{k-(\sigma-1)}\right]^{\frac{1}{k}}\times\left[f+f_x\left(\frac{f_x}{f}\tau^{\sigma-1}\right)^{\frac{-k}{\sigma-1}}\right]^{\frac{1}{k}}$	$\varphi_{o\gamma}^*=\left\{\frac{1}{\delta f_e}\left[\frac{(\sigma-1)\left(1-\frac{1}{\gamma}\right)}{k-(\sigma-1)\left(1-\frac{1}{\gamma}\right)}\right]\right\}^{\frac{1}{k}}\times\left\{\left[f+f_x\left(\frac{f_x}{f}\tau^{\sigma-1}\right)^{\frac{-k}{(\sigma-1)\left(1-\frac{1}{\gamma}\right)}}\right]\right\}^{\frac{1}{k}}$
总体福利	$U_a=\rho\left(\frac{L}{\sigma f}\right)^{\frac{1}{\sigma-1}}\times\varphi_a^*$	$U_{a\gamma}=\rho\left(\frac{L}{\sigma f}\right)^{\frac{1}{\sigma-1}}(\varphi_{a\gamma}^*)^{1-\frac{1}{\gamma}}$	$U_a=\rho\left(\frac{L}{\sigma f}\right)^{\frac{1}{\sigma-1}}\times\varphi_o^*$	$U_a=\rho\left(\frac{L}{\sigma f}\right)^{\frac{1}{\sigma-1}}(\varphi_{o\gamma}^*)^{1-\frac{1}{\gamma}}$

资料来源：作者整理。

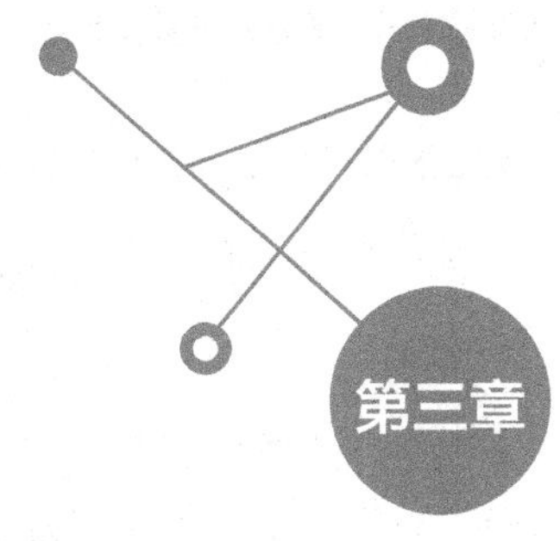

第三章

中国制造业资源配置效率的重新估算：一个改进 HK 模型的应用

近年来，国内外学者对资源配置和全要素生产率的相关研究，揭示了现实中普遍存在的资源配置现状，详细探讨了资源配置的成因，并深入挖掘了资源配置对生产率的影响机制。令人遗憾的是，尽管国内外学者对资源配置已经进行了丰富且翔实的研究，但是关于资源配置测度方法的研究仍十分匮乏。然而，资源配置研究的首要问题依然是准确判断资源配置水平。这既关系到对资源配置成因的深刻剖析与资源配置动态效应分析，也关系到资源配置对 TFP 及总产出影响的研究。准确地测度资源配置，对中国这样一个转型经济体来说更是具有重要的实践意义。具体来讲，如果能够准确测度中国制造业行业的资源配置程度，全面评估中国当前资源配置的整体效率，那么将有利于深刻理解和把握中国改革开放的成效，也为当前经济改革提供丰富的经验。进一步地，对资源配置程度的精确度量及经验分解还将为政府制定有效的激励政策和行业规范提供参考依据，从而为中国的改革进程提供一定的政策参考。

现有测度资源配置的方法主要有三种，分别是对要素投入扭曲、企业间生产率差异和异质性的加成率进行度量（钱学锋和蔡庸强，2014）。根据 HK 模型方法，企业间的收益生产率差异越大，表明资源配置的程度越严重。从经验上来讲，一方面，大部分微观数据库都包含企业收益等数据，该指标方便易行，从而被广泛应用；另一方面，鉴于该方法被普遍使用，各国间的估计结果具有较大的可比性。然而，生产率离散度这一衡量资源配置的指标，因其背后的理论基础依赖的严苛假设条件而遭受了较多的质疑。

在规模和报酬不变的条件下，TFPR 离散度会与企业间自身差异化的生产率相关。近年来，龚关和胡关亮（2013）、Foster 等（2016）、Haltiwanger（2016）、Brown（2016）等都认为 HK 模型得出的 TFPR 对数方差这一指标并不能准确地估计资源配置程度。遗憾的是，他们并没有直接从经验上对 HK 模型进行修改与补充。虽然龚关和胡关亮（2013）创新性地提出生产率离散度能衡量资源配置的缺陷，并用要素边际产品价值离散度进行替代，但是在具体测算时仍依赖于较多的限制条件，如设定最终产出以固定的比例分配给资本与劳动，并给定需求弹性系数，这些都不可避免地会产生一定的设定误差。更重要的是，单一投入要素的边际产品价值离散程度不仅无法衡量同时影响资本和劳动投入要素的扭曲因素，还割裂了不同投入要素市场扭曲的相互影响。

与现有研究不同，Foster 放宽了规模和报酬不变的假设条件，依赖更少的参数设定，弥补了传统 HK 理论的不足，以及其他资源配置指标（要素边际产品价值离散度）的缺陷，更全面地度量了总体资源的配置程度。本章通过运用 Foster 等人测度资源配置的方法，主要从两个方面对相关文献进行补充。本章所借鉴的测算方法依赖于更少的理论及经验假设，在测算 TFPR 的离散度中控制异质性的需求和技术因素，这样能够更加精确地估计出中国制造业的资源配置程度。本章认为，不断推进一个经济指标的精准测度研究是一项基础性工作，可以为今后的相关研究提供一个参考标准，有重要的实践意义。通过文献检索，目前尚未发现有文献运用该模型和方法来测度中国制造业的资源配置程度。本章还强调了 TFPR 离散度与资源配置的内在联系，只有在控制企业异质性因素和测量误差引致的生产率差异后，TFPR 离散度才能真正地衡量资源配置。本章首先在变量选取、构建平减价格指数等方面运用中国工业企业数据库，通过 OLS、OP、LP、ACF 等多种方法全面测度生产率离散度及资源配置，以排除因变量选取和不同 TFP 测算方法差异导致的测量误差。控制企业异质性投入与需求因素后，资源配置水平至少下降了 22.6%。这说明，如果忽略测量误差或企业异质性因素影响，现有研究对中国制造业资源

配置事实的测度是存在偏误的。本章的研究对于准确评估并认识中国制造业的配置效率，提供了一种改进的方法或途径，以利于该问题今后的进一步研究。

第一节　HK 模型的缺陷与不足

在 HK 模型设定的垄断竞争条件下，企业面临不完全需求弹性，企业价格是实际产出量的倒数。如果资源可以自由流动，不存在任何扭曲，更多的资本和劳动会分配给生产率较高的企业，但是高产出会导致企业面临更低的产品价格，最终生产率较高的企业和生产率较低的企业的收益生产率相等。在没有静态扭曲的情形下，即使在企业技术水平存在巨大差异的情况下，这种机制也会使均衡条件下所有企业的 TFPR 相等，即不存在 TFPR 的离散。相反，如果存在扭曲，那么企业的 TFPR 越高，说明企业面临的要素调整阻碍越大，导致该企业资本和劳动边际产出较高，生产规模小于最优水平。因此，相关文献通常使用企业之间的生产率离散度来体现资源配置的程度，同一行业内企业之间的生产率差异越大，则说明资源配置的程度越严重。

一、存在模型设定偏误

HK 模型假设一个地区内所有企业都采用相同的生产函数形式，因此在有效配置条件下，所有企业的资本劳动比都相等，资本劳动比之间的任一差异都可能被当成资源配置。然而，关于企业生产率的一个重大发现是，同一行业内企业间全要素生产率存在巨大差异性（Syverson，2004，2011）。Syverson（2011）强调，不论使用何种方法和数据测算生产率，同一行业内企业的生产率差异显著存在。异质性的管理技能、生产要素质量、创新研发活动与投资模式等特定行为都会产生企业间 TFPR 的差异（Jovanovie，2001）。即使在有效配置条件下，企业间任一形式的测量误差或自身技术差异都可能使企业进入 TFPR 离散度指标，进而夸大或缩小资源配置程度。

二、忽略异质性企业的自身差异

Hsieh 和 Klenow（2009）提出使用企业间生产率差异作为测度资源配置的指标。该方法还严格依赖于规模报酬不变、等需求弹性、无固定成本等假设条件，这些设定与现实状况十分不符。龚关和胡关亮（2013）认为，HK 模型通过 TFPR 离散度来衡量资源配置，严格依赖于规模报酬不变的生产技术这一条件，导致 TFPR 对数方差作为衡量资源配置的指标是存在偏误的，因为这一指标还反映了企业间生产率的离散程度。Foster 等（2016）通过理论推导得出，收益生产率离散度不仅包括资源配置扭曲，还包括异质性的企业生产率和需求差异，只有在假定规模报酬不变时，TFPR 的离散度才完全反映了资源配置扭曲，因此需要谨慎地使用其作为衡量资源配置的指标。在 HK 模型规模报酬不变的假设下，Haltiwanger（2016）分别讨论了当企业面临不同的投入成本，或存在固定成本，或异质性的需求情况下，所估算的 TFPR 离散度仍更多地反映了需求和技术等市场因素。杨振和陈甬军（2013）认为，应将影响企业要素决策的使用成本纳入 HK 模型分析框架。这些研究都从理论上讨论了异质性企业的自身因素，会造成 TFPR 离散度这一指标在衡量资源配置上是存在偏差的。

三、数据缺失引致测量误差

在实证检验中，HK 模型需要对相关参数进行赋值校准来估算资源配置程度，包括行业间的替代弹性、资本价格、资本产出弹性等参数设定，这极易夸大或缩小生产率的离散度。关于资源配置的研究多是围绕企业生产率的测算展开。Foster 等（2017）通过研究发现，不同方法估计得到的要素弹性系数和规模报酬存在很大的差异，并会影响 TFPR 离散度的数值大小。此外，对生产率和生产率离散度的测算与解释需要考虑数据限制因素，大多数据样本并没有包含企业产出产量数据。为了探究 TFPR 衡量指标的隐含意义，已有文献是利用有限的包含企业价格信息的数据库（Foster 等，2008，2017）。Foster 等（2008）强调区分 TFPR 和 TFPQ 差异的重要性，TFPR 混合了企业技术与

价格效应，较高的 TFPR 可能反映了较高的技术水平，或是较高的产品需求。只有当企业在产出和要素投入市场都是价格接受者时，企业收益生产率差异才能反映技术效率的差异。甚至当企业作为价格接受者时，产出和投入要素价格的差异仍会反映异质性的内生及外生需求（Foster 等，2008；Loecker，2011）。Banerjee 等（2012）认为产品的非完全替代形成了消费选择过程中的转换障碍，高生产率企业无法完全挤占低生产率企业的市场份额，从而造成了生产率离散化现象长期存在。Klette 和 Griliches（1996）最早考虑异质性的需求或价格会伴随企业销售额进入生产率的估计方程，从而导致对生产参数和生产率的有偏估计。Loecker（2011）提出，由于无法观测到企业产量数据，生产率衡量指标一般是通过使用企业销售额来估计生产函数。一般做法是使用行业出厂价格指数对企业销售额进行平减，以剔除价格因素。这一做法会产生两个隐患：其一，如果企业价格和行业价格指数之间的差异相关，会造成对生产函数系数的有偏估计；其二，使用平减后的企业销售额估算企业生产率，会导致企业生产率中包含异质性的价格和需求因子。所识别的资源配置对生产率的影响，有可能反映的是资源配置对价格和需求的影响，而非其对实际生产率的影响。所以，在量化资源配置程度时，一旦因测量误差或设定误差导致 TFPR 离散度被高估或低估，那么测算的资源配置程度也将偏离事实。

综上所述，本章指出，需要正确地认识企业生产率的离散度差异，并厘清其背后的影响因素。Bartelsman1 和 Wolf（2017）总结了三个原因会产生企业间生产率的离散度：一是在理论与实证分析过程中存在的模型设立偏误和测量误差；二是影响企业内部经济决策过程及产出的自身因素，如企业家才能、投入要素差异和管理技能；三是影响企业间投入要素分配或市场选择机制的市场环境因素，如要素调整或企业进入、退出市场障碍。显然，第三个原因引起的 TFPR 离散度才是该指标能够衡量资源配置的内在依据，也只有排除前两个因素的影响，TFPR 离散度才能准确地衡量资源配置。本章接下来将在使用 Foster 等人的方法的基础上，讨论企业需求、要素投入差异和测量误差对测算资源配置的影响，以更加精准地评估中国制造业的资源配置效率。

第二节 Foster 等（2016）的方法介绍

一、收益生产率的衡量指标

衡量生产率有两个指标：实际生产率（TFPQ）和收益生产率。二者之间的关系表示为：$TFPR_i = P_i \times TFPQ_i$，其对数形式为 $tfpr_i = p_i + tfpq_i = p_i + q_i - \sum_j \hat{\alpha}_j x_{ij}$。其中，下标 i 表示企业，j 表示投入要素，$p_i$ 和 q_i 分别表示企业产品价格和产量，$\hat{\alpha}_j$ 为要素产出弹性，$tfpq_i$ 为企业实际全要素生产率。

关于 TFPR 的测算，学者们通常采用两类不同的方法。第一类是依据企业成本最小化条件推导得到，将通过该方法测算出的收益生产率设为 $tfpr_i^{cs}$。在柯布—道格拉斯（CD）生产函数和规模及报酬不变的条件下，投入要素的支出份额即为要素产出弹性。因此，从数据中可以直接计算出要素产出弹性和生产率，而不需要其他假设条件。此时，$tfpr_i^{cs}$ 等价于理论概念上的 $tfpr_i$，即单位投入要素的收益。第二类方法是回归估计方法。这类方法的优点，一是不需要对规模和报酬进行相关设定；二是利用代理变量或需求变量指标的数据可以直接估计出要素弹性。然而，如果没有价格和产量的直接数据或对需求变量做出相关假设，回归得到的收益弹性系数并不是要素弹性的准确估计，它同时包含了要素弹性和需求因素，进而导致收益函数的回归残差（$tfpr_i^{rr} = p_i + tfpq_i = p_i + q_i - \sum_j \hat{\beta}_j x_{ij}$）并不等于理论意义上的 $tfpr_i$。大多数文献采用的是第二类回归估计方法。

二、测算方法说明

在一个多样化的产品环境中，企业面临向下的需求曲线。最终品总产出是关于中间品生产企业的 CES 生产函数，且最终品企业处于完全竞争的市场环境。一般通过均衡求解可以得到企业对各投入要素的最优需求、产出量及产出价格，

最终推导出关于企业 TFPR 离散度的表达式为

$$\delta_t(\text{tfpr})_l^u=\frac{1-\gamma}{1-\rho\gamma}\delta_t(\ln\xi)_l^u+\frac{\rho(1-\gamma)}{1-\rho\gamma}\delta_t(A)_l^u+\frac{1-\rho}{1-\rho\gamma}\sum_{j=1}^{J}\alpha_j\delta(\widetilde{\kappa_{jt}})_l^u$$

$$=\frac{1-\gamma}{1-\rho\gamma}[\delta_t(\ln\xi)_l^u+\rho\delta_t(A)_l^u]+\frac{1-\rho}{1-\rho\gamma}\sum_{j=1}^{J}\alpha_j\delta(\widetilde{\kappa_{jt}})_l^u \tag{3-1}$$

其中，κ_j 表示投入和产出扭曲的复合效应，γ 表示规模和报酬。u 和 l 表示不同的分位数水平差异，常用的是第 75/25 分位或第 90/10 分位水平，因此，δ_y 则定义为变量 y 在不同分位数水平的差异，如 $\delta_t(\text{tfpr})_{25}^{75}$ 表示企业 log(tfpr) 的四分位差。当规模和报酬不变（$\gamma=1$）时，tfpr 离散度的唯一来源就是扭曲，这与 HK 模型一致。然而，一旦偏离规模和报酬不变这一条件，tfpr 的差异还同时受需求和企业 TFPQ 的影响。

当产品需求是常弹性时，可以将行业总产值纳入生产函数中以控制总体需求变化，从而在收益生产函数估计中获得要素产出弹性系数，该方法已被众多文献使用（Klette 和 Griliches，1996；Loecker，2011；Bartelsman 等，2013）。由于 $R=P_iQ_i=PQ^{1-\rho}Q_i^{1-\rho}\xi_iQ_i=PQ^{1-\rho}Q_i^{\rho}\xi_i$，企业收益的对数形式可表示为

$$\rho q_i+(1-\rho)q+p+\ln\xi_i=\rho\left(\sum_{j=1}^{J}\alpha_jx_i^j+a_i\right)+(1-\rho)q+p+\ln\xi_i \tag{3-2}$$

对式（3 2）进行回归可以得到系数 $\hat{\beta}_j-\hat{\rho}\hat{\alpha}_j$，$\hat{\beta}_q-1-\hat{\rho}$，变量 q 的回归系数决定了需求弹性参数 $\hat{\rho}=1-\hat{\beta}_q$，要素弹性为 $\hat{\alpha}_j=\hat{\beta}_j/\hat{\rho}$。上式的残差则为 $p_i+q_i-\rho\sum_{j=1}^{J}\alpha_jx_i^j-(1-\rho)q=\rho a_i+p+\ln\xi_i$，可以看到用收益对投入要素和行业总体需求回归后的残差项包括实际生产率、需求冲击和总体价格因素，其表达式为

$$\begin{aligned}\text{res}_i&=p_i+q_i-\sum_{j=1}^{J}\hat{\beta}_jx_i^j-\hat{\beta}_Rq\\&=p_i+q_i-\hat{\rho}\sum_{j=1}^{J}\hat{a}_jx_i^j-(1-\hat{\rho})q=\hat{\rho}\hat{a}_i+\hat{p}+\widehat{\ln\xi_i}\end{aligned} \tag{3-3}$$

一旦获得要素弹性 α_j 的估计值，那么，从理论上来说，TFPR 的表达式为

$$\overline{\text{tfpr}_i}=p_i+q_i-\sum_{j=1}^{J}\hat{\alpha}_jx_i^j\text{，这里 }\hat{\alpha}_j=\frac{\hat{\beta}_j}{\hat{\rho}}$$

这样，在式（3-1）关于 TFPR 离散度的表达式中，需求冲击和企业生产率差异的离散度就可以用收益生产函数的估计残差项进行替换，表达式为

$$\sum_{j=1}^{J}\alpha_j\delta(\widetilde{\kappa}_{jt})_1^u=\frac{1-\rho\gamma}{1-\rho}\delta_t(\text{tfpr})_1^u-\frac{1-\gamma}{1-\rho}\sum_{j=1}^{J}\delta(\text{res})_1^u \tag{3-4}$$

根据式（3-4），本章可以利用 TFPR 理论值与估计值之间的联系与区别，控制异质性的企业生产率和需求因素，从而测算出更加真实的资源配置程度。另外，可以看到，当 $\gamma=1$ 时，收益生产率的离散度就等于资源配置程度；当 $\gamma\neq1$ 时，规模报酬和需求弹性系数也共同决定了资源配置程度的大小。

三、数据来源与处理

本章采用 1999—2007 年中国工业企业数据库①，参考谢千里等（2008）、Brandt 等（2012）的做法，根据“通用会计准则”（GAAP）的规定，对原始数据进行了一系列整理，并删除了不符合基本逻辑关系的错误记录，在此不再赘述。本章所使用的企业层面投入产出数据主要包括：工业销售值、工业总产值、工业增加值、从业人数、资本存量、工业中间投入合计等。

根据现有文献的一般做法，本章分别运用工业总产值和工业增加值衡量产出，用职工人数衡量劳动，用固定资产净值衡量资本存量。根据永续盘存法计算投资，折旧率设为 15%（聂辉华和贾瑞雪，2011；杨汝岱，2015 等）。除从业人数外，其他数据均包含价格因素。为了得到经济学而非会计意义上的全要素生产率，本章样本中所有变量都使用 1998 年的各类价格指数进行平减。具体而言，我们分别采用分行业的工业品出厂价格指数、固定资产投资价格指数及原材料、燃料和动力购进价格指数，对总产出、资本存量和中间投入进行平减。本章对主要变量剔除了前后 1%的异常值，以降低测量误差导致的生产率离散效应。

① 中国工业企业数据库在 2008 年后很多关键指标，如工业增加值、累计折旧、当年折旧、工业中间投入等指标局部缺失，造成数据的不连续。鉴于此，本书无法准确使用基于企业进入和退出的生产函数半参数估计方法（OP、LP、ACF）测算 2008—2013 年企业的 TFP，故本章主要采用 1999—2007 年的数据样本进行估算。

第三节　估计结果：比较与分析

一、资源配置的初步判断与 TFP 估计

关于资源配置研究的首要问题是判断是否存在资源配置。虽然依据 HK 模型提出的 TFPR 离散度不能完全准确地衡量资源配置程度，但是生产率分布的差异程度仍可以在一定程度上反映静态配置效率。生产率分散化现象表现了市场的不完全性，阻碍了资源的有效分配（Restuccia 和 Rogerson，2008；孙浦阳等，2013）。因此，本章首先采用 OLS、OP、LP、ACF 等方法分别估算了 1999—2007 年 29 个制造业内的企业生产率，以及生产率离散程度，以考察中国制造业企业生产率的分布状况。表 3-1 分别展示了 1999 年与 2007 年的结果。其中，第一至四行报告的是基于工业总产值的测算结果，第五至八行报告的是基于工业增加值的估计值。可以看到，从整体上看，使用工业总产值测算的 TFPR 离散度小于使用工业增加值测算的结果，并且不同文献基于不同估计方法测算的 TFPR 离散度也存在较大差异。但是，不论是使用标准误差、四分位差还是 90/10 分位差指标进行衡量，都表明中国制造业存在显著的 TFPR 差异。这说明，尽管经济的发展促进了各行业生产率的提升，但是生产率分散化现象说明资源配置可能偏离最优状态，市场的不完全因素在一定程度上阻碍了资源的有效配置（孙浦阳等，2013）。然而，TFPR 离散度在多大程度上准确衡量了制造业内部资源配置的状况仍有待进一步考察。

表 3-1　TFP 计算：制造业的生产率分布

生产率分布	1999 年			2007 年		
	90/10 分位差	75/25 分位差	标准差	90/10 分位差	75/25 分位差	标准差
OLS_Y	0. 483	0. 231	0. 290	0. 716	0. 351	0. 369
OP_Y	0. 502	0. 240	0. 294	0. 717	0. 352	0. 371

续表

生产率分布	1999 年			2007 年		
	90/10 分位差	75/25 分位差	标准差	90/10 分位差	75/25 分位差	标准差
LP_Y	0.450	0.216	0.285	0.715	0.352	0.376
ACF_Y	0.525	0.254	0.299	0.752	0.371	0.375
OLS_VA	2.623	1.256	1.133	2.327	1.213	0.966
OP_VA	2.695	1.294	1.159	2.345	1.208	0.980
LP_VA	2.855	1.354	1.234	2.709	1.446	1.105
ACF_VA	3.226	1.540	1.392	3.120	1.674	1.274

资料来源：作者计算整理。

此外，本章还采用不同方法分二位数行业计算了制造业的规模报酬系数。鉴于各个行业自身特征的差异性，不同企业面临的约束条件可能不同，所采用的生产技术也存在差异，只有假设同行业企业的生产技术较为接近，分二位数行业估算各投入要素的产出弹性，才是较为合理的处理方法（杨汝岱，2015；孙元元和张建清，2015）。制造业 29 个行业的规模报酬系数结果如表 3-2 所示，其中，第（1）~（4）列为基于工业总产值计算的估计结果，第（5）~（7）列为基于工业增加值计算的规模报酬系数①。

参照杨汝岱（2015）的研究结果，定义规模报酬系数小于 0.9 为规模报酬递减，系数在 0.9~1.0 定义为规模报酬不变，系数大于 1.0 定义为规模报酬递增。可以看到，虽然使用不同的估计方法，工业增加值或是工业总产值使各行业的规模报酬系数存在差异，但是结果说明，大部分行业不具有规模报酬不变的特征。这与现有的相关文献结论保持一致，Brandt 等（2012）、Ding 等（2016）和杨汝岱（2015）计算得到，中国 29 个制造业中有 19 个呈现规模报酬递减的规律。张志强（2015）采用不同估计方法得到的规模报酬系数明显大于 1，所有产业都具有规模报酬递增的特征。龚关和胡光亮

① 本书基于工业增加值和 LP 方法测算出来的资本和劳动产出弹性分别为 0.155 和 0.190，显著低于其他方法测算的结果，这与张元元和张建清（2015）用 LP 方法估计的资本和劳动产出弹性（分别为 0.163 和 0.1634）结果十分接近。

（2013）基于 LP 方法，采用沃尔德检验（Wald Test）进行原假设为规模报酬不变的检验，结果显示在 5%的显著性水平下，90%以上的制造业不具有规模报酬不变的特征。这些研究结果表明，中国制造业的现实特征显然违背了 HK 模型中规模报酬不变的假设，因此根据 HK 模型思想，单纯地通过测算企业间的生产率离散度来衡量资源误置这一做法存在较大的偏误。

表 3-2 TFP 计算：制造业的规模报酬系数

行业代码	行业名称	工业总产值				工业增加值		
		（1）OLS_Y	（2）OP_Y	（3）ACF_Y	（4）LP_Y	（5）OLS_VA	（6）OP_VA	（7）ACF_VA
13	农副食品加工业	0. 974	0. 992	0. 992	0. 998	0. 791	0. 889	0. 752
14	食品制造业	0. 982	1. 000	0. 994	0. 993	0. 905	0. 983	0. 850
15	饮料制造业	0. 998	1. 016	1. 014	1. 011	0. 976	1. 070	0. 864
16	烟草制品业	1. 096	1. 052	1. 018	1. 077	1. 401	1. 163	1. 539
17	纺织业	0. 977	0. 989	1. 005	0. 997	0. 781	0. 865	0. 782
18	纺织服装、鞋、帽制造业	0. 972	0. 991	1. 015	1. 000	0. 787	0. 876	0. 686
19	皮革、毛皮、羽毛（绒）及其制品业	0. 984	0. 973	1. 015	1. 015	0. 768	0. 879	0. 665
20	木材加工及木、竹、藤、棕、草制品业	0. 974	0. 995	0. 994	0. 999	0. 750	0. 903	0. 822
21	家具制造业	0. 971	0. 976	0. 990	0. 992	0. 814	0. 923	0. 765
22	造纸及纸制品业	0. 983	0. 995	1. 009	1. 009	0. 834	0. 972	0. 717
23	印刷业和记录媒介的复制	0. 999	1. 019	1. 013	1. 014	0. 940	1. 077	0. 893
24	文教体育用品制造业	0. 976	0. 966	0. 999	1. 008	0. 759	0. 761	0. 914

续表

行业代码	行业名称	工业总产值				工业增加值		
		(1) OLS_Y	(2) OP_Y	(3) ACF_Y	(4) LP_Y	(5) OLS_VA	(6) OP_VA	(7) ACF_VA
25	石油加工、炼焦及核燃料加工业	0.973	0.984	0.986	0.975	0.888	0.907	0.861
26	化学原料及化学制品制造业	0.967	0.991	0.985	0.992	0.782	0.924	0.741
27	医药制造业	0.983	1.006	0.995	0.994	0.935	1.039	0.872
28	化学纤维制造业	0.985	0.999	0.990	0.989	0.885	0.985	0.998
29	橡胶制品业	0.968	0.976	1.001	1.005	0.811	0.951	0.760
30	塑料制品业	0.973	1.009	1.002	1.010	0.783	0.880	0.816
31	非金属矿物制品业	0.970	1.003	0.998	0.989	0.764	0.917	0.777
32	黑色金属冶炼及压延加工业	0.987	1.003	0.998	0.998	0.917	1.003	0.930
33	有色金属冶炼及压延加工业	0.978	0.992	1.002	1.001	0.790	0.913	0.804
34	金属制品业	0.965	0.990	1.002	1.001	0.785	0.930	0.709
35	通用设备制造业	0.975	0.996	1.003	1.003	0.810	0.963	0.800
36	专用设备制造业	0.968	1.003	0.988	0.991	0.790	1.011	0.724
37	交通运输设备制造业	0.983	1.008	0.998	0.998	0.928	1.063	0.804
39	电气机械及器材制造业	0.982	1.001	1.001	1.005	0.845	0.972	0.808
40	通信设备计算机及其他电子设备制造业	0.982	0.998	0.998	1.000	0.880	0.984	1.204

续表

行业代码	行业名称	工业总产值				工业增加值		
		(1) OLS_Y	(2) OP_Y	(3) ACF_Y	(4) LP_Y	(5) OLS_VA	(6) OP_VA	(7) ACF_VA
41	仪器仪表及文化、办公用机械制造业	0.962	0.985	0.989	0.996	0.755	0.909	0.467
42	工艺品及其他制造业	0.977	0.992	1.005	1.007	0.717	0.834	0.685
	总体均值	0.982	0.997	1.000	1.002	0.847	0.950	0.828

资料来源：作者计算整理。

二、资源误置与测量误差

（一）不同估计方法的差异

使用生产率离散度指标衡量资源误置的研究都是围绕企业生产率的测算展开的。选用不同的方法测算生产率是否重要？本部分内容试图根据常用的几种测算生产率的方法，来考察生产率离散度及资源误置在多大程度上受到生产率测算方法的影响。关于全要素生产率的估算，当前主要的方法有 OLS、OP、LP 和 ACF 方法等。OLS 方法估算企业全要素生产率存在较大的缺陷，因此较多文献使用 OP（Olley 和 Pakes，1996）和 LP（Levinsohn 和 Petrin，2003）半参数方法来估算全要素生产率。OP 方法采用投资作为生产率的工具变量能有效解决 OLS 估计中存在的联立性问题和样本选择问题所产生的偏差；LP 方法与 OP 方法的差别在于使用中间投入作为生产率的工具变量，以弥补企业投资为零所导致的样本损失缺陷。然而，ACF 方法提出，OP 和 LP 方法使用投资或中间投入作为代理变量的第一阶段估计中存在着共线性问题，并提出根据企业投入决策的顺序结构，在第二阶段运用 GMM 方法同时估计出各投入要素的产出弹性系数和生产率（Ackerberg 等，2015）。可以看到，不同方法具有不同的特点，可能得到完全不同的估计结果。

为了排除生产率估计方法对企业生产率离散度的影响，本章在采用工业总产值及使用OLS、OP、LP和ACF方法全面估计中国制造业企业的生产率及离散度的基础上，借鉴Foster等（2016）的方法测算了资源误置程度，得到了如图3-1所示的趋势图。如图3-1所示，运用OLS、OP、LP和ACF生产率估计方法测算得到的资源误置程度，在绝对值上呈现了一定的差异。首先，基于TFPR的90/10分位差测算的资源误置均值，分别是0.526、0.506、0.481和0.408。基于TFPR的75/25分位差所测算的资源误置程度，约是基于TFPR的90/10分位差的测算值的一半。其次，虽然不同方法测算的资源误置在绝对值上存在差异，但是结果比较接近。最后，不同方法测算的资源误置在整体趋势上保持了高度的一致性，表明Foster等人的测算方法具有稳健性。以TFPR的90/10分位差和OP方法的测算结果为例，1999—2007年中国制造业的资源误置水平整体上呈下降的趋势，由1999年的0.566降至2007年的0.527，降幅约为6.9%。分时间段来看，1999—2003年中国制造业资源误置水平显著降低，这可能得益于中国积极加入WTO，使国有企业和市场化改革进程加速。在2003—2007年资源误配置水平并没有得到改善，反而呈现小幅上升趋势。正如吴利学等（2016）提到的，中国2002年经济过热及经济发展中重化工业比重提高，是导致2003—2007年资源调整困难的原因。

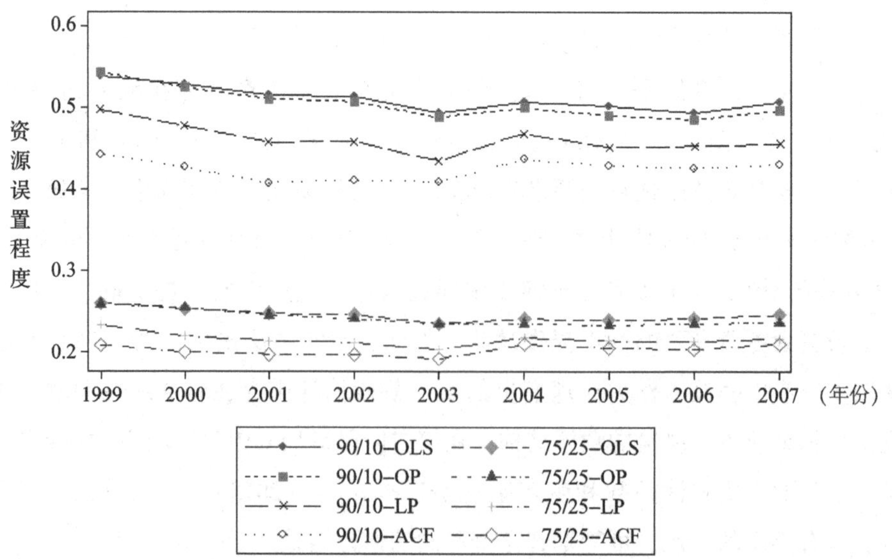

图3-1　基于工业总产值测算的资源误置年份趋势

（二）工业增加值与工业总产值

测度全要素生产率及离散度需要区分工业总产值和工业增加值的选用，现有文献主要从数据样本特征和现实经济含义两方面进行筛选。鲁晓东和连玉君（2012）认为，一方面，增加值不包含中间投入，能够反映企业的最终生产能力；另一方面，中国企业的总产值与中间投入高度相关，中间投入过高的产出弹性会大大压缩资本和劳动的产出弹性，因此，孙元元和张建清（2015）、鲁晓东和连玉君（2012）、杨汝岱（2015）等文献采用工业增加值和 OP 方法估算全要素生产率。聂辉华和贾瑞雪（2011）指出，由于工业企业数据库中大约一半的企业缺失工业增加值变量，因此选用企业销售额衡量产出。然而，由于存货的存在，与销售收入相比，工业总产值对总产出的衡量更为精确（张天华和张少华，2016）。基于蒙特卡洛模拟方法，张志强（2015）比较不同方法测算的生产率结果后发现，增加值类的生产率估计方法不但会倾向于高估微观企业的生产率，而且会高估产业不同分位点的生产率离散度，对生产率测度稳健的估计方法应采用总产出生产函数估计方法。为了检验企业工业增加值和工业总产值选取对资源误置测算结果的影响，本章分别采用企业工业增加值和总产值估算的资源误置结果，如表 3-3 所示。考虑到生产率离散 90/10 分位差可能会受到异常值的影响，这里只采用四分位差度量的生产率离散度来测算资源误置程度。

如表 3-3 所示，基于工业增加值和工业总产值分别测算的资源误置水平在时间趋势上保持了一致性，但是资源误置程度的绝对值差异十分显著。除了 LP 方法[①]，其他三种方法采用工业增加值测算的资源误置绝对值约是基于工业总产值测算值的 10 倍，这与张志强（2015），以及张天华和张少华（2016）的研究结论保持了一致。Bartelsman 和 Wolf（2017）指出了背后的原因，即工业增加值更能体现企业在生产过程中的能力，测量生产率离散度相关指标，

① 现有研究指出，使用 LP 方法测算出来的生产率及相关结果都显著低于采用其他方法得出的估算结果，这可能源于中间投入指标的准确性及中国工业领域特点等方面，因此不适宜采取中间投入作为代理变量估算生产函数的方法（张志强，2015；张元元和张建清，2015；曲玥，2016；张杰，2016）。张天华和张少华（2016）指出，从纠正资本投入内生性来说，LP 方法的产出模型有较好的体现，但增加值模型并未体现出这一点。

原则上应计算同一行业内企业间基于工业增加值的生产率。然而，与工业增加值相比，工业总产值同时反映了市场的需求与供给因素，体现了影响生产率离散度的市场机制。因此，基于工业增加值测算出的企业生产率离散度及资源误置程度更大。

表 3-3 资源误置估算：工业总产值与工业增加值

年份	工业总产值				工业增加值			
	OLS	OP	LP	ACF	OLS	OP	LP	ACF
1999	0.266	0.259	0.195	0.222	2.666	2.615	0.395	3.038
2000	0.265	0.257	0.193	0.217	2.585	2.560	0.390	2.992
2001	0.253	0.245	0.185	0.210	2.418	2.434	0.365	2.792
2002	0.254	0.243	0.182	0.208	2.456	2.413	0.348	2.808
2003	0.248	0.236	0.180	0.201	2.378	2.330	0.343	2.726
2004	0.255	0.243	0.200	0.222	2.323	2.305	0.359	2.648
2005	0.258	0.242	0.191	0.216	2.430	2.348	0.377	2.743
2006	0.259	0.243	0.190	0.212	2.406	2.331	0.380	2.741
2007	0.265	0.246	0.199	0.211	2.504	2.390	0.408	2.838
均值	0.258	0.246	0.191	0.213	2.463	2.414	0.374	2.814

资料来源：作者计算整理。

三、资源误置与企业异质性

如前文所述，众多研究已经发现，技术冲击、管理能力、研发投入与投资模式等供给层面因素会形成生产率差异。在现实中，不同类型的企业生产要素质量存在差异，尤其体现在劳动力的投入方面。为了克服由于劳动力质量差异可能产生的生产率差异，并考虑到具有较高人力资本水平的劳动力的劳动报酬也较高，因此，在生产函数中用劳动报酬投入（工资水平）替代就业人数作为劳动力投入数量的度量（曲玥，2016）。

此外，收益生产率不仅反映了供给层面的信息，同样包含了需求因素的影响。企业要想让消费者选择转换产品是需要成本的。行业中产品的替代程度越高，说明任一企业的产品要想长期获取较高的市场份额是存在困难的。产品替

代性越大，市场的竞争与选择机制越能有效降低企业间的生产率离散度程度，促进市场资源达到有效配置状态（孙浦阳等，2013）。借鉴李鲁等（2016）的研究，本章还加入了行业产品差异化指数来控制需求差异对 TFPR 离散度的干扰。具体做法是，一是计算出企业层面主营产品收入占销售产值的比重，将其作为企业主营产品专业化指数的代理变量；二是计算出主营产品专业化指数与 1 之间差额的算术平均值，其可作为行业产品差异化指数。本小节目的在于检验异质性投入与需求因素对资源误置估计结果的影响，因此，没有加入过多的控制变量。此外，本章在此部分只使用工业增加值变量进行估算，这是因为一方面由于数据限制因素，这里无法控制中间投入品差异的影响，另一方面则考虑工业总产值可能反映更多的需求与供给因素。

如表 3-4 所示，第（1）~（3）列依次为控制异质性产品需求和劳动投入差异因素后测算的资源误置程度。结合各种方法的对比分析，本章结果都表明，资源误置程度得到显著降低。具体分析，以使用 75/25 分位差离散度和 OP 方法测算的结果为例，在控制产品需求差异后，资源误置程度由 2.414 下降至 2.162，降幅约为 10.4%，在进一步控制劳动投入差异因素后，资源误置程度降至 1.868，降幅约为 13.6%。另外，相对于未控制异质性产品需求和投入差异因素时的资源误置水平而言，降幅约达 22.6%。OLS 和 ACF 方法估计结果仍显示了一致的趋势，论证了控制企业异质性因素的重要性。

表 3-4　资源误置估算：异质性投入与需求因素影响

	测算方法	(1)	(2)	(3)
工业增加值 90/10 分位差	OLS	4.804	4.865	2.525
	OP	4.795	4.365	3.787
	ACF	5.271	5.026	2.560
工业增加值 75/25 分位差	OLS	2.463	2.443	1.252
	OP	2.414	2.162	1.868
	ACF	2.814	2.518	1.337
劳动投入差异		否	否	控制
产品需求差异		否	控制	控制
年份和地区固定效应		控制	控制	控制

资料来源：作者计算整理。

通过上述分析，可以得到三点结论。一是使用不同生产率估计方法的确影响了资源误置绝对值大小，但不会改变其变化趋势，这表明本书采用多种估计方法进行对比分析的结果是可靠的，也体现了 Foster 等人提出的方法的稳健性。鉴于 OLS 方法存在内生性和联立性缺陷，以及 LP 方法测算结果的不稳定性，本书认为，采用 OP 和 ACF 方法估算生产率离散度及资源误置程度是稳健且有效的。二是虽然使用工业增加值测算的资源误置程度偏大，但是工业总产值包含了更多的市场因素。此外，考虑到数据限制因素，控制中间投入品要素质量存在困难。本书认为，基于工业增加值测算资源误置程度更具合理性。三是测算资源误置程度要充分考虑企业异质性因素的影响，否则就容易高估资源误置程度，错误评价经济政策效应。

第四节 中国制造业资源配置效率的定量分析

遵循 Foster 等（2016）的研究思路和方法，本章能够从企业生产率离散度中进一步剔除企业异质性的技术和需求差异而获得关于资源误置程度的精准度量①。在此基础上，本章将重新考察中国制造业在经济增长过程中的配置效率。众所周知，由于历史条件、地理区位及政策条件等因素的影响，中国制造业的资源配置效率在不同的所有制企业之间、不同行业之间及不同的区域之间都可能存在明显的差别。基于前文分析，LP 方法估计结果显著低于其他方法测算的结果，而工业总产值变量可能包含了更多的市场需求与供给因素，因此本章接下来仅应用 OLS、OP 和 ACF 方法，以及工业增加值、四分位差度量的生产率离散度所测度的结果来重点考察不同所有制企业、出口与非出口企业及不同区域间的资源配置效率差异。

① 由于控制异质性需求变量会导致损失较多的样本观测值，本部分测算的资源误置并没有控制投入产出异质性因素。

一、不同所有制企业的资源配置效率差异

本章根据企业实收资本的控股方将所有制造业企业分为国有企业、私营企业和外资企业三种类型。图 3-2 至图 3-4 列出了不同所有制企业的资源误置水平，从整体宏观层面来看，不论使用 OLS、OP 还是 ACF 方法，中国制造业

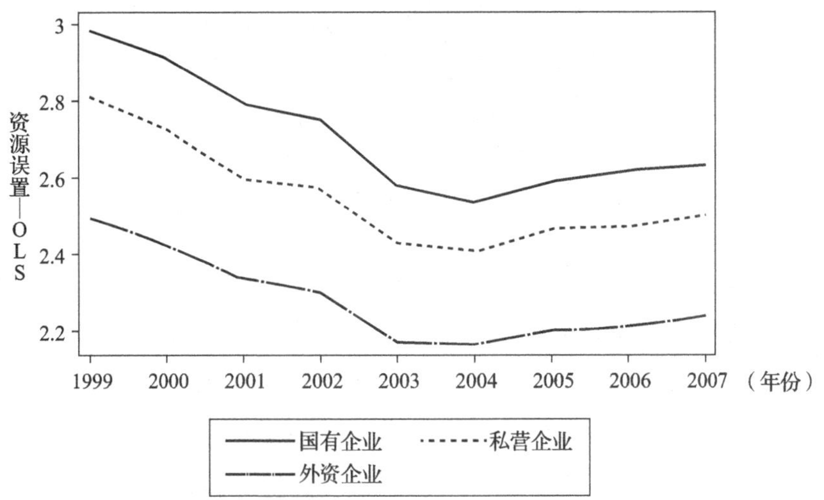

图 3-2　不同所有制企业的资源误置水平（OLS_VA）

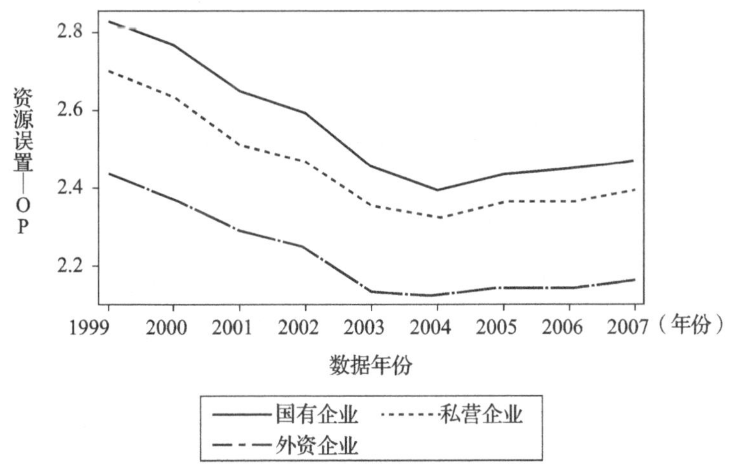

图 3-3　不同所有制企业的资源误置水平（OP_VA）

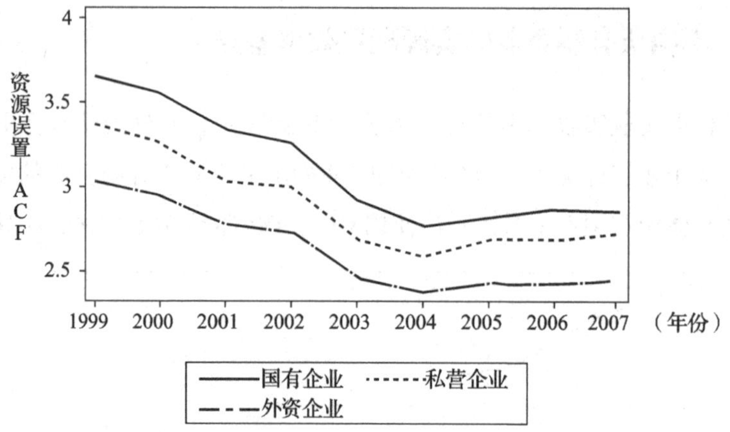

图 3-4　不同所有制企业的资源误置水平（ACF_VA）

不同所有制企业的资源误置程度都显著下降。从微观层面来看，与外资企业和私营企业相比，国有企业的资源误置程度最大，私营企业次之，外资企业的资源误置程度最低。然而，从 ACF 方法测算的趋势图中可以清晰地看到，不同所有制企业之间的资源误置程度差异呈现收敛的趋势。同样，OP 方法测算的国有企业资源误置程度从 1999 年的 2. 82 下降为 2007 年的 2. 46，降幅约达 12. 8%，相应的外资企业则从 1999 年的 2. 43 下降为 2. 16，降幅约为 11. 1%。显然，改善国有企业的经营绩效，提高国有企业的改制效率，仍是中国经济转型和发展过程中难以回避的关键问题。

二、出口与非出口企业的资源配置效率差异

本章对比了在出口偏向型政策下出口与非出口企业的资源误置水平。如图 3-5 至图 3-7 可知，基于不同的测算生产率的方法，非出口企业的资源误置程度高于出口企业，这说明通过出口扩大国际市场能够显著降低企业面临的资源误置程度，证实了贸易自由化带来的竞争效应、引进先进技术或中间投入对资源配置的积极影响（Melitz，2003；Edmond 等，2015；Ding 等，2016），体现了中国经济对外开放的显著成效。

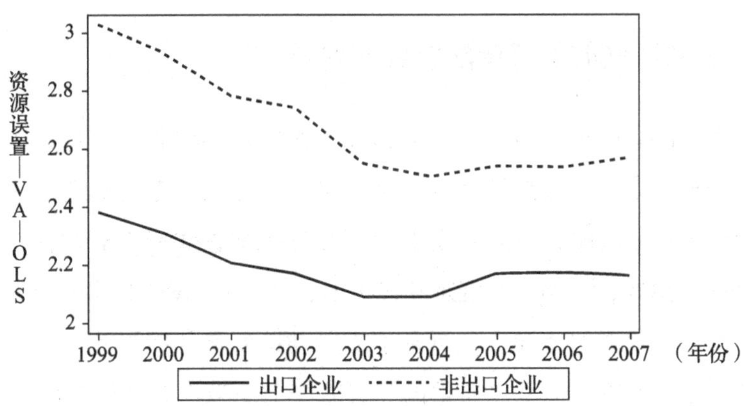

图 3-5　出口与非出口企业的资源误置水平（VA_OLS）

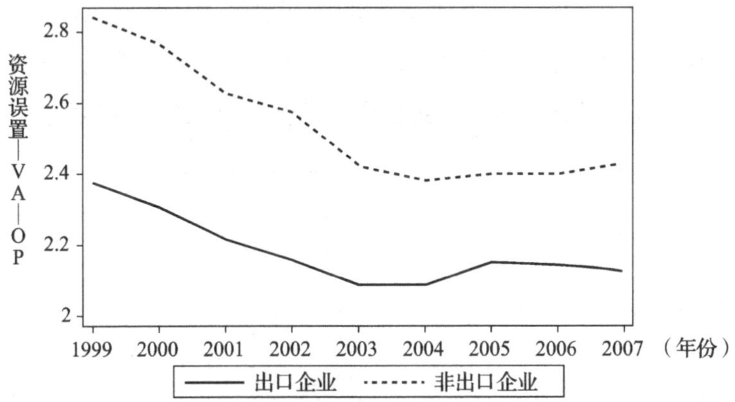

图 3-6　出口与非出口企业的资源误置水平（VA_OP）

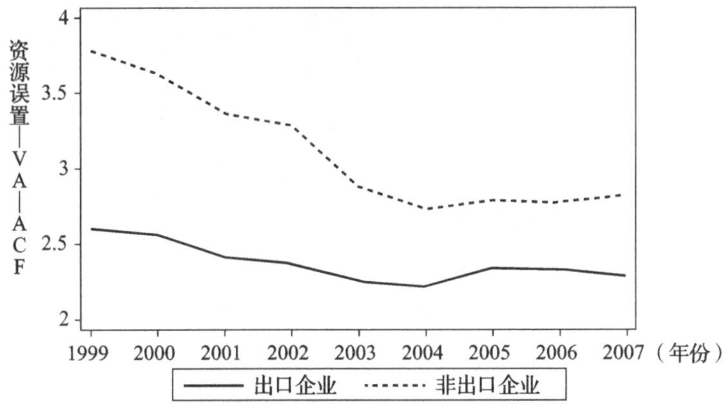

图 3-7　出口与非出口企业的资源误置水平（VA_ACF）

三、不同区域间的资源配置效率差异

由于中国区域间要素禀赋的差异，加上国家不同时期的不同政策，如东部沿海的开放政策、中西部地区的西部经济发展战略、东北等老工业基地振兴战略及中部崛起战略，在经济发展程度和资源配置效率方面均存在显著区域差异（谢千里等，2008；鲁晓东和连玉君，2012）。图 3-8 清晰地显示了地区之间资源配置效率的差异。分析资本或劳动单要素的配置效率的研究结论得到，各区域间资本与劳动单要素的配置效率的总效应是比较模糊的（施炳展和冼国明，2012；龚关和胡关亮，2013；曲玥，2016）。与他们不同，本章的测算结果表明，各地区资源配置效率的特征也是中国经济发展和体制变革地区差异的体现，即西部区域的资源配置程度最大，而东部地区资源配置效率是最低的①。东中西部地区在一定程度上都存在配置效率改善的空间。

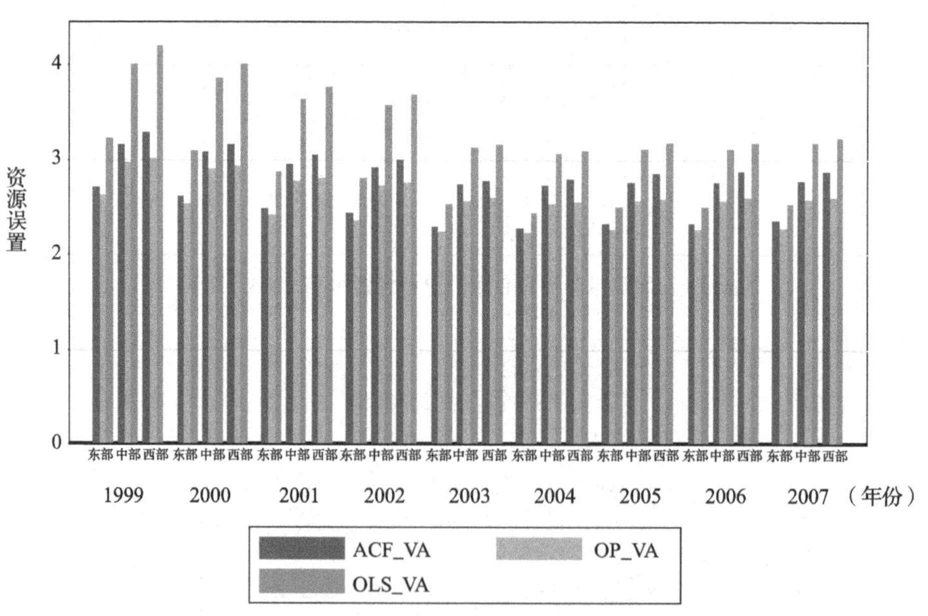

图 3-8 东部、中部、西部地区资源误置水平

① 本章采用企业间生产率离散度（75/25 分位差）度量资源配置效率，企业间离散度越低，表示资源配置程度越低，资源配置越有效率。

本章小结

Hsieh 和 Klenow（2009）提出，用全要素生产率的离散程度衡量资源配置效率，但是这一方法依赖于严格的假设条件，尤其是规模报酬不变条件，故存在一定的缺陷。Foster 等人放宽了规模报酬不变的条件，在 TFPR 离散度中控制了企业异质性需求和技术效率的影响，从而估计出更加真实的资源误置程度。本章借鉴此方法，并基于 1999—2007 年中国工业企业数据库，通过运用不同的生产率估计方法进行测算发现，资源误置程度在绝对值上存在差异，使用工业增加值测算的资源误置程度偏大。进一步地，控制企业异质性投入与需求因素后发现，资源误置水平至少下降了 22.6%。这说明，忽略测量误差和企业异质性因素会造成中国制造业资源误置的有偏估计。

通过进一步的实证研究发现，国有企业间的资源误置程度显著高于私营和外资企业，东部区域的资源误置程度低于中、西部地区，企业出口能够有效提高资源配置效率。这些都反映了中国经济发展的现实特征和改革开放的显著成效，也揭示了中国经济增长巨大的改善空间，即不断促进资源在不同所有制、不同区域及出口与非出口企业间的流动，以优化资源的动态配置效率，实现中国产业结构的升级与经济发展方式的转变。

测度中国制造业的资源误置程度虽然是一项最为基础性的工作，但其却是深刻剖析资源误置成因与评估资源配置动态效应等相关研究的起点与重点。本章的研究实际上是对 Hsieh 和 Klenow（2009）分析结果的进一步精细化。当然，由于缺乏企业层面的要素投入或产出价格与数量信息，加上企业资本存量设计等细节因素的干扰，本章还无法完全控制企业生产率和需求因素的离散效应，但这并不影响本章重新测度资源误置的理论意义及应用价值。

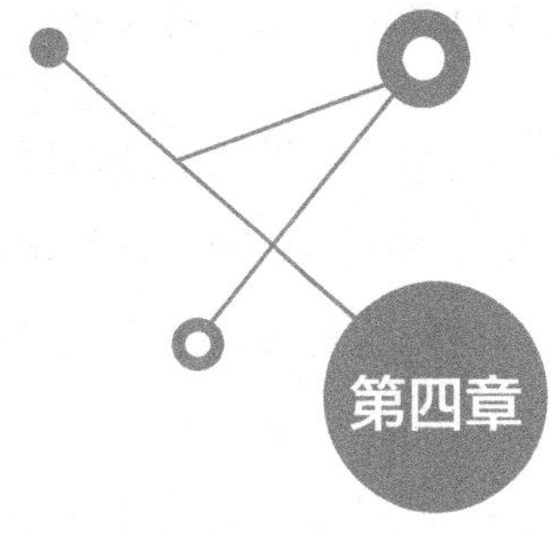

市场化改革与最终品贸易自由化对资源配置效率的交互影响

改革开放40多年来，中国的贸易自由化逐步深化，尤其是在2001年加入WTO后，中国有序兑现对WTO的承诺，有条不紊地下调相应产品的关税水平，有计划地对外开放更多的国内市场。在对外开放的同时，中国对内还积极推进市场化改革，将中央计划经济稳步地向市场经济转型（樊纲等，2011）。中国大力推动贸易自由化，同时伴随着大刀阔斧的市场化改革，这为评估贸易自由化与市场化改革对资源配置效率的协同影响提供了一个独特的背景。

本章基于贸易自由化、市场化程度与资源配置效率的演变事实，构建基本计量模型后，采用了1999—2013年中国工业企业数据库和WITS关税数据库，实证分析了最终品贸易自由化与市场化改革对中国制造业资源配置效率的影响。研究发现，市场化改革对制造业企业间的资源配置效率具有显著的正向影响。最终品贸易自由化不仅直接改善了资源配置效率，更强化了市场化改革对资源配置效率的提升作用。在解决内生性问题、改变关键指标等稳健性检验之后，这一结果仍是稳健的。同时，最终品贸易自由化与市场化改革对资源配置效率的改善作用具有明显的异质性，依赖企业所有制、企业所在行业特征和所在地区等因素的影响。基于中介效应模型进行机制分析的结果表明，最终品关税下降与市场化改革通过提升临界生产率效率和缩小出口与非出口企业间的生产率差异这两个渠道，显著缩小了企业间的TFPR离散度。最后，基于Melitz和Polanec（2015）对总体生产率的分解思路（MP方法），本章还深入地考察了贸易自由化与市场化改革对资源配置效率各细分部分的影响。

本章的贡献主要表现在以下几个方面。第一，在研究视角上，现有文献在考察最终品贸易自由化与市场化改革对资源配置效率的协同影响时，忽略了最终品贸易自由化效应与中间品贸易自由化效应的差别（田荣华，2015；耿伟和廖显春，2017）。鉴于贸易自由化的促进竞争效应（最终品关税削减效应）和成本节约与多样化高质量投入要素的获得效应（中间品关税削减效应），本章重点强调的是最终品贸易自由化效应与市场化改革对资源配置效率的协同影响。第二，在研究方法上，已有研究并没有深入分析市场化改革与贸易自由化是通过何种机制来影响企业间资源配置效率的。本章结合第二章的理论分析，构建中介效应模型，在经验上证实了最终品关税下降与市场化改革，通过提升临界生产率和缩小出口与非出口企业间的生产率差异这两个渠道，对资源配置效率产生正向影响。第三，在研究内容上，本章还进一步采用 Melitz 和 Polanec（2015）的分析框架对生产率增长进行分解，考察最终品贸易自由化、市场化改革与资源配置效应之间的关系，深化了对中国制造业生产率增长动力来源的认识。

本章的结构安排如下：第一节介绍构造中国贸易自由化、市场化改革程度的度量指标思路，并描述中国贸易自由化与市场化改革程度的总体变化趋势，以及资源配置效率随贸易自由化与市场化改革演变的事实；第二节介绍了经验检验的计量模型、变量与数据；第三节是对相关估计结果的分析；第四节深入探索贸易自由化与市场化改革是通过怎样的机制渠道来影响资源配置效率的；第五节进一步借鉴 Melitz 和 Polanec（2015）的分解方法，分析最终品贸易自由化与市场化改革对资源配置各细分部分的影响；最后是本章小结。

第一节 贸易自由化与市场化程度的定量测算及分析

一、贸易自由化指标的构造

现有理论研究通常用贸易成本下降（Melitz，2003），或者市场扩大

（Melitz 和 Ottaviano，2008）来分析贸易自由化，而一些文献通常使用关税和进口渗透率两种指标度量贸易自由化程度。自 2001 年加入 WTO 以后，中国大幅削减各项产品的关税率，因此，关税水平被认为可以直接反映一国的贸易自由化程度。

然而，在利用关税构建贸易自由化指标时，我们必须正视非关税壁垒的存在。非关税壁垒实际上是一种贸易扭曲政策，其包含的种类十分多样，减缓了贸易自由化的进程（Deardorff 和 Stern，2002）。非关税壁垒仅利用关税变化度量贸易自由化程度可能导致自由化程度被高估。Deardorff 和 Stern（2002）首次提出了非关税壁垒的关税等价这一概念，将非关税壁垒纳入测度贸易自由化指标，以更准确地衡量一国或地区的贸易自由化程度。但是，关于配额、许可证这类非关税壁垒数据的全面记录是十分稀缺的，从而导致准确量化非关税壁垒的影响也是存在困难的。Topalova 通过对发展中国家的经验进行分析发现，非关税壁垒的覆盖率与关税高度相关，基于关税的估计也可以反映贸易政策变化的综合影响（Goldberg 和 Pavcnik，2004）。因此，参考余淼杰（2011）、钱学锋等（2016a）的研究，本书采用最终产品关税率作为贸易自由化的度量指标，表达式为

$$\text{OutputDuty}_{jt} = \frac{\sum_{s \in I_j} n_{st} \cdot \text{Duty}_{st}^{HS6}}{\sum_{s \in I_j} n_{st}} \tag{4-1}$$

其中，j 代表行业，t 代表年份，s 表示协调编码六位码（HS6）的产品，I_j 为隶属于 j 行业所有的产品类别，n_{st} 代表在 t 年同一编码下的产品税目数量，Duty_{st}^{HS6} 表示在 t 年产品 s 的进口关税税率，OutputDuty_{jt} 是 t 年行业 j 的最终品关税。

本章使用的产品进口关税数据来源于世界银行 WITS 数据库提供的 HS8 位码的产品关税数据。我们将获取的 HS8 位数产品层面的关税数据统一到 HS 2002 版本。[①] 根据美国普渡大学教授 Hutcheson 提供的 HS 2002 与国际标准产业分类（ISIC Rev. 3）转换表，以及 GB/T 4754-2002-ISIC（Rev. 3）转换表，

① 1998—2001 年、2002—2006 年、2007—2013 年的产品关税分别采用 HS 1996 年版本、HS 2002 年版本和 HS 2007 版本。

将其进行整合，得到 HS 2002 与 GB/T 2002 之间的转换关系，这样就可以测算行业层面的最终产品关税。①

此外，考虑到当前各国的关税已经降到了一个相当低的水平，并且非关税壁垒在进出口贸易中的作用日益凸显，而进口渗透率作为关税和非关税壁垒共同影响下的结果，其可以更好地度量贸易自由化所带来的竞争效应（Harrison，1994；余淼杰，2011，钱学锋等，2016a）。根据相关文献，本章通过计算行业进口额与行业产出额之比，来构造进口渗透率，并将其作为贸易自由化的稳健性指标，考察其对企业间生产率离散度的影响。

二、市场化程度的度量指标

在对市场化改革的影响效应进行定量分析时，最关键的就是要对市场化的信息进行全面、客观、系统的分析。现有国外较为常用的指标是欧洲复兴开发银行（EBRD）每年对 27 个转型国家在价格自由化、企业改革、私有化、外贸自由化、竞争性政策、金融机构等方面的改革进行打分所形成的转型指标（樊纲等，2011）。

国内学者根据中国的改革实践和自身对市场化改革的理解也建立了一系列的指标体系以便对改革进行测度并评估。其中，相对全面和被广泛使用的是以樊纲、王小鲁为主的团队连续十几年所编制的中国分省份市场化指数。其研究的特点主要有以下几方面。第一，他们的指标体系主要以调查和普查数据作为支撑，而不是国家公布的统计数据。国外转轨研究的指标侧重于对经济自由化程度的测度，其指标体系则涵盖政府与市场的关系、非国有经济的发展、产品市场的发展程度、要素市场的发展程度、市场中介组织发展和法律制度环境等市场体系的多个方面，提供了更加丰富的市场化内涵。第二，其研究时使用相对指数，更侧重比较地区间市场化程度的相对差异。第三，从时间连续性来讲，其研究时间跨度较长，已经连续在 1997—2016 年对全国各省份的市场化相对进程进行跟踪和综合评价。这不仅有助于对各省份的市

① 联合国统计司（UNSD）提供的转换表都是基于 HS6 位码层面的，因此我们首先将 HS 8 位数层面的关税归并到 HS 6 位码层面，然后再利用相应的转换表进行相关对应。

场化进程进行横向比较，而且也做到了沿时间序列基本可比（樊纲等，2011）。鉴于樊纲市场化进程指数的上述优点，本章在度量中国各省市场化程度时，采用了樊纲、王小鲁团队历年公布的分省份市场化指数。

然而，遗憾的是，樊纲市场化进程指数并没有提供各省内部细分城市层面的市场化得分。另外，我国市场化改革的一个重要作用就是加速了生产投入要素流向高生产率的民营与外资企业，提高了市场竞争性。从这方面来讲，使用非国有企业在经济中的比重作为市场化的代理变量（王小鲁等，2009），仍具备相对的合理性。尽管非国有经济发展水平只是反映一个地区市场化进程中的一个方面，但其水平与市场体制中各方面的制度都有千丝万缕的联系（蒋殿春和张宇，2008）。因此，我们同时采用了非国有企业工业增加值占工业增加值的比重这一指标衡量非国有经济比重，替代市场化改革指数，进行相关稳健性检验，以考察其对资源配置效率的影响。

三、贸易自由化、市场化程度与资源配置效率的演变事实

（一）贸易自由化与资源配置

图 4-1 为 1992—2016 年中国进口商品关税率的总体变化趋势。[①] 如图 4-1 所示，自 1992 年以来，中国进口关税大幅下调，平均关税从 1992 年的 41.9%下降至 2005 年的 9.8%，并在相当长时期内保持 10%以下水平。进口关税降幅较为显著的时间段分别是 1992—1997 年、2001—2005 年，“入世”以后的关税水平基本保持在一个相对稳定的低水平上，变动幅度较小。分时间段来看，1997 年之前中国大幅调低关税是为“入世”谈判增加筹码，而 2001—2002 年大幅下调关税则是为了履行中国加入 WTO 的关税减让承诺。“入世”以后，中国大范围地降低了多种商品的进口关税，于 2002 年大幅调低了 5000 多种商品的进口关税，2005 年降税又涉及了 900 多种商品。此后的降税涉及的商品范围有限，对关税整体水平的影响不大，这也是 2006 年之后

① 尽管本章后面回归部分数据的时间跨度为 1999—2013 年，但该部分统计性描述所用时间跨度为 1992—2016 年，以方便读者对我国贸易自由化有一个全面的了解。

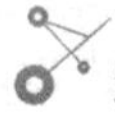

关税整体水平保持稳定的原因。

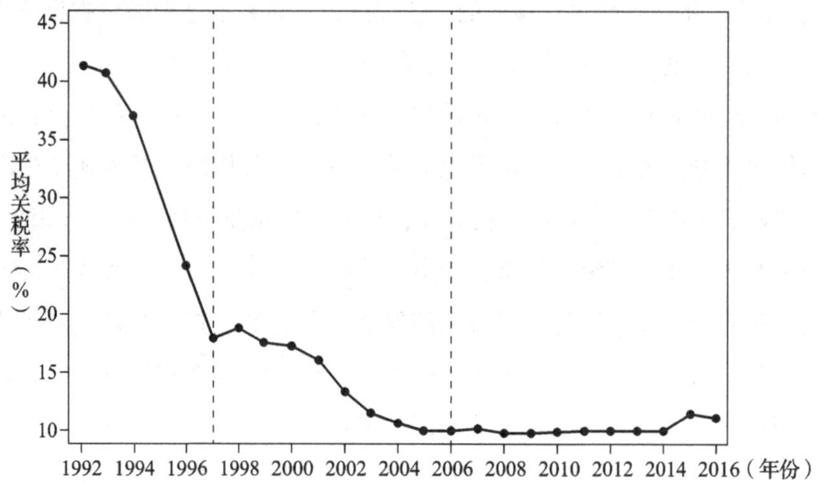

图 4-1　1992—2016 年中国进口商品关税率的总体变化趋势

图 4-2 为 1999—2007 年最终品关税率均值和标准差的变化趋势。如图 4-2 所示，在样本期间，不仅最终品关税水平在不断降低，其标准差也在不断下降，这说明不同行业、产品之间的关税差异在逐步缩小。尤其是最终品关税的标准差从 2001 年的 6.38 下降至 2002 年的 4.97，降幅约达 22.1%，这说明中国加入 WTO 后显著降低了不同产品之间税率的差异性。

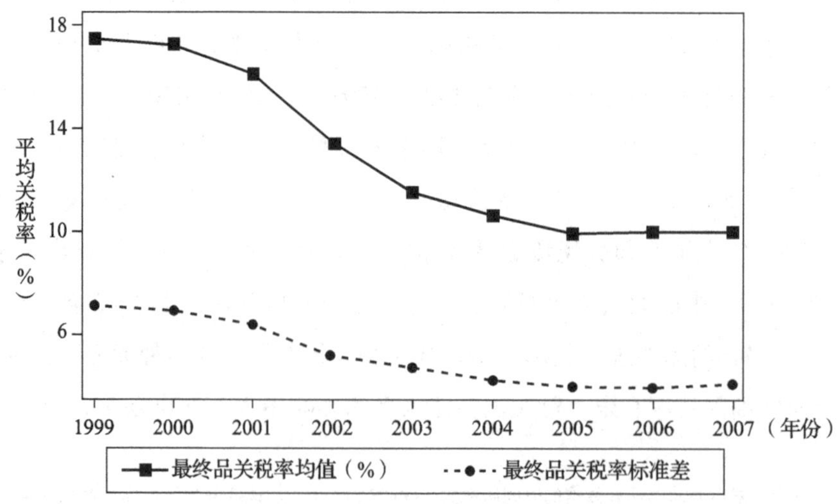

图 4-2　1999—2007 年最终品关税率均值和标准差的变化趋势

为了对最终品关税率与资源误置程度之间的关系有一个总体的了解，我们同时将1999—2007年最终品关税率与资源误置绘制于同一张图，以初步观察二者之间的关系，如图4-3所示。可以看到，同一样本时期，中国制造业行业的最终品关税率与企业间的生产率离散度均呈现下降的趋势。图4-4表明，最终品关税率与生产率离散度是正相关的，即最终品关税率降低，将缩小同一行业内企业间的生产率差异。本章后续部分将运用计量模型对这二者的关系进行更详细的讨论。

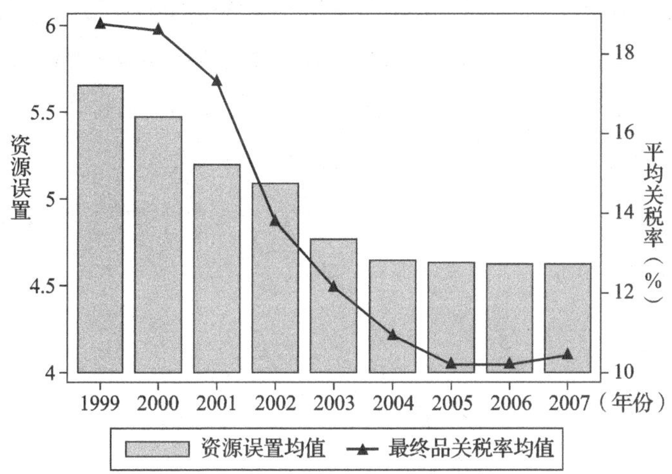

图4-3　1999—2007年最终品关税率与资源误置的变化趋势

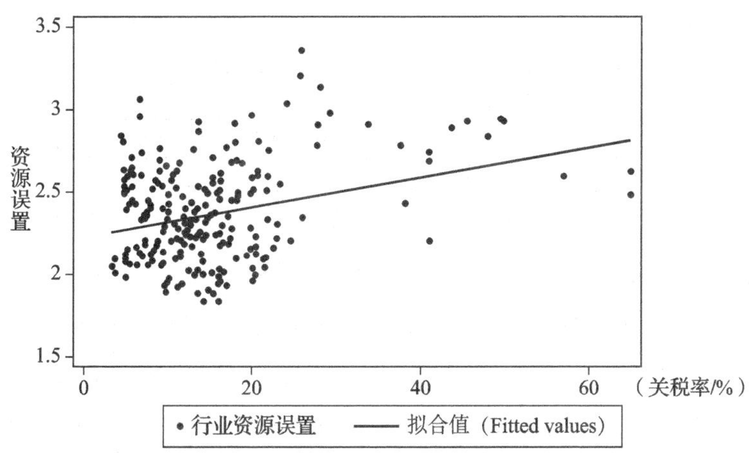

图4-4　最终品关税率与资源误置的散点图

（二）市场化进程与资源配置

根据樊纲市场化进程指数和工业库中非国有经济比重变量，我们绘制了中国市场化程度及非国有经济比重的总体变化趋势，如图 4-5 所示。如图 4-5 所示，在 1997—2007 年，中国各省份总体市场化程度不断深化，市场化指数从 1997 年的 4.01 增长到 2007 年的 7.49，增幅约达 86.8%。从时间段来看，1997—2001 年的市场化进程较为缓慢，但是 2002—2007 年，市场化进程明显加快，这可能与中国“入世”全面开放息息相关。2008—2014 年的市场化进程指数是以 2008 年为基期的，造成这段时期的市场化进程指数与前期不具可比性。但是，仍然可以看到的是，中国市场化进程仍在持续推进，从 2008 年的 5.48 增长到 2014 年的 6.56，增幅约达 19.7%。

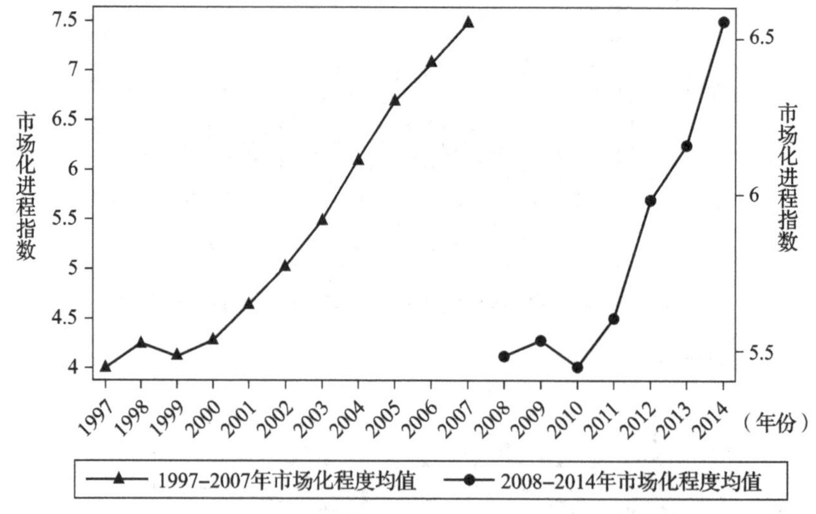

图 4-5　1997—2014 年市场化进程指数的变化趋势

如图 4-6 所示，在 1999—2007 年，我国非国有经济比重整体上呈大幅上升的趋势，从 1999 年的 38.89%增长到 2007 年的 68.92%。这说明，我国以国有企业改革为主线的市场化改革效果显著，大量民营、私营企业蓬勃发展。

如图 4-7 所示，市场化改革程度（分别用市场化进程指数和非国有经济比重度量）与生产率离散度是负相关的，即市场化改革程度越高，同一行业

内企业间的生产率差异越小。这是因为市场化改革能够有效减缓企业在生产销售过程中面临的市场扭曲，强化市场的竞争效应，高效率企业不断扩张生产，迫使低效率企业退出市场，从而提高资源配置效率。

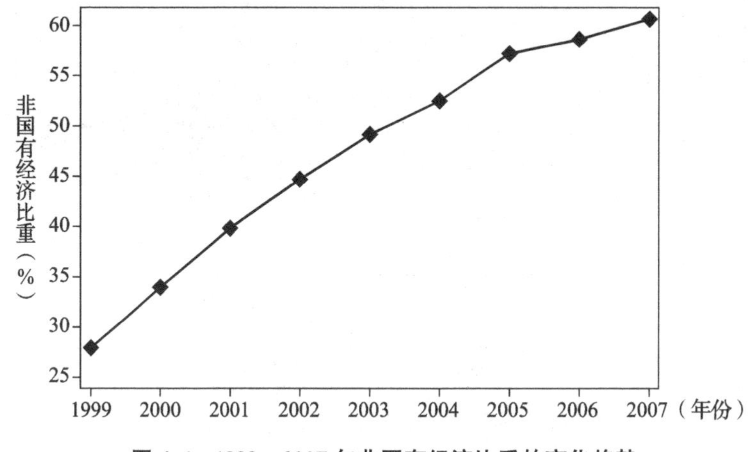

图 4-6 1999—2007 年非国有经济比重的变化趋势

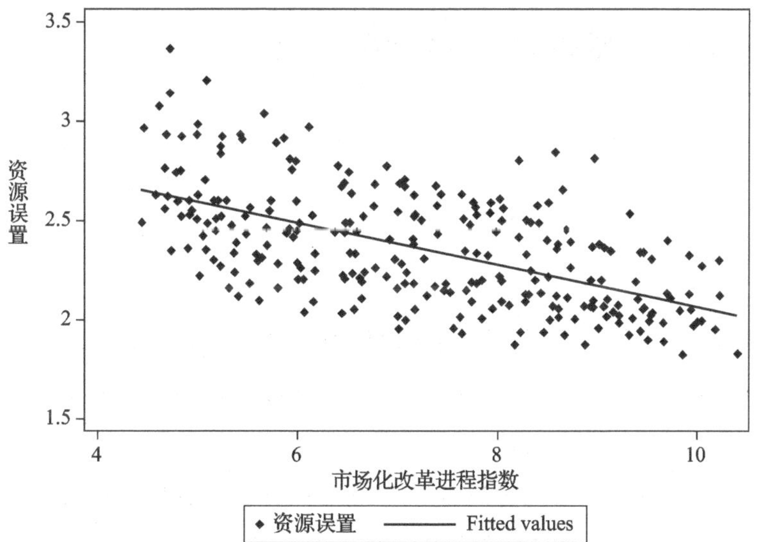

图 4-7 市场化改革进程指数与资源误置的散点图

此外，我们用非国有经济比重度量市场化程度，同样得到了其与资源误置程度之间的负向关系，如图 4-8 所示。本章后续部分也将运用计量模型对这二者的关系进行更详细的讨论。

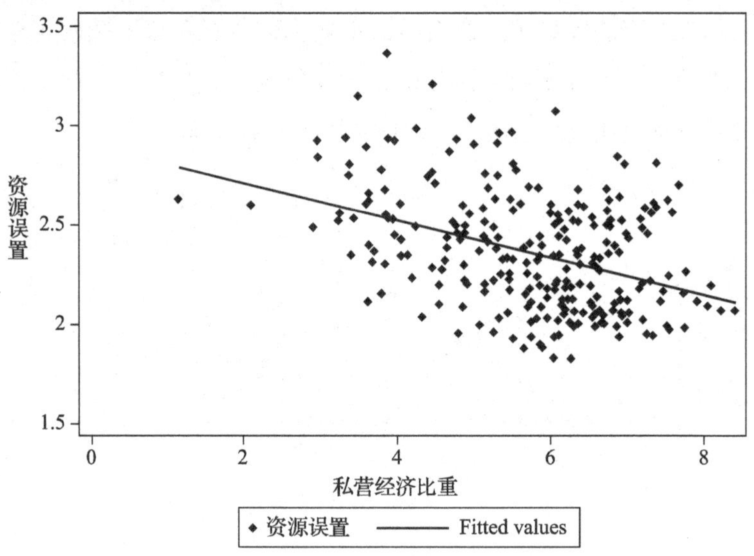

图 4-8 私营经济比重与资源误置的散点图

第二节 计量模型、变量与数据

一、计量模型的设定

为了考察市场化改革、最终品贸易自由化及二者交互对制造业资源配置效率的影响，本章将采用下面的计量模型进行相关分析

$$dispersion(tfpr)_{ijt}=\alpha_0+\alpha_1 Lscore_{it}+\alpha_2 Outputduty_{jt}+\alpha_3 Lscore_{it}\times Outputduty_{jt}+\alpha_4 X_{ijt}+v_i+v_j+v_t+\varepsilon_{ijt} \tag{4-2}$$

其中，下标 i、j、t 分别代表省份、四分位行业、年份，dispersion（tfpr）$_{ijt}$ 表示 t 年 i 省份 j 行业收益生产率的标准差或 75/25 分位差，用以度量资源误置程度，通过 Foster 等（2016）的方法采用 OP 方法和企业工业增加值测算得到。Outputduty$_{jt}$ 表示 t 年 j 行业的最终品关税。lscore$_{it}$ 表示 t 年 i 省份的市场化进程指数。X_{ijt} 表示影响资源误置程度的城市、行业、年份的控制变量，v_i、v_j、v_t 分别表示城市、行业、年份的固定效应，ε_{ijt} 表示随机扰动项。主要变

量的指标含义及测度说明如下。

一是平均行业产品的替代性程度（lexpense4），以平均企业产品销售费用占工业增加值的比重来体现。收益生产率不仅反映了供给层面的信息，同样包含了需求因素的影响。企业要想让消费者选择转换不同产品是存在成本的。如果行业中产品的替代程度越高，就说明任一企业的产品要想长期获取较高的市场份额是存在困难的。此时，市场的竞争机制与选择效应将有效降低企业间的生产率离散度程度，促进市场资源达到有效配置状态（孙浦阳等，2013）。反过来，行业内产品间的替代性较低，这将降低行业内资源配置的效率。因此，销售费用比重越高，说明消费者转换产品的成本越高，行业内企业间的生产率离散度越大。

二是平均行业进入成本（lsunk4），用各行业的平均资本总值衡量。依据Hopenhayn（1992）的研究，进入成本是企业进入、退出市场的重要壁垒。进入成本增加，会阻碍更多企业进入市场，或延缓低效率的在位企业退出市场，从而加大企业间的生产率离散度。

三是企业平均固定成本（lfcost4），用企业平均管理费用占增加值的比重来度量行业内企业平均固定成本。企业的固定成本较高，会降低企业进入市场的概率，以及退出市场的概率，从而放大在位企业的市场势力，拉大行业内的生产率离散度（孙浦阳等，2013）。

四是企业平均年龄（lage4），用各企业当年所处年份减去开业年份后得到。根据企业生命周期理论，企业处于学习曲线的不同阶段，其规模经济效率有所不同（钱学锋等，2016a）。因此，该变量对企业生产率离散度程度的影响程度不确定。

五是行业平均劳动力素质（lmwage4），不同企业投入劳动力的质量会显著影响企业生产率水平。为避开因劳动投入要素质量差异带来的生产率离散度的影响，有必要控制企业的劳动力素质。

六是市场集中度指数（赫芬达尔指数，即 Ihhi4），定义为企业销售额占四位数行业销售总额的份额，反映企业在市场中制定价格的能力或市场竞争程度。该指数越大，表明企业的行业集中程度越大，即垄断程度越高。此时，行业内较低的竞争程度会阻碍市场资源由低生产率企业转移到高生产率企业，从而影响行业的生产率水平与生产率离散度（Syverson，2011；孙浦阳等，2013）。因此，预估该变量对行业生产率离散度有正向影响。

七是企业数目（lnumfirm）。如果行业内市场垄断程度较高，只有少数几家企业，那么企业间的生产率差异也较低，但这并不代表着资源的优化配置。因此，为了减少这种情况的估计偏差，我们将行业内的企业数量作为控制变量。

主要变量的描述性统计特征如表 4-1 所示。

表 4-1　主要变量的描述性统计特征

变量	均值	标准差	最小值	最大值	观测值
lsd_tfp4va	0. 6571	0. 2280	0. 0000	2. 0137	63624
outduty4	0. 1241	0. 0715	0. 0000	0. 5008	78162
lscore	1. 7741	0. 3336	0. 5423	2. 4604	78162
lexpense4	0. 1790	0. 2305	−0. 4082	5. 8406	78161
lsunk4	9. 3275	1. 4627	0. 0000	16. 5465	78162
lfcost4	0. 3757	0. 4157	−0. 6461	8. 5240	78161
lage4	2. 3128	0. 7907	−1. 0986	7. 6009	77660
lhhi4	0. 3507	0. 2258	0. 0000	0. 6931	78162
lmwage4	0. 3732	0. 3611	0. 0000	7. 8095	78162
lnumfirm	1. 8591	1. 4291	0. 0000	7. 9309	78162

资料来源：作者通过中国工业企业数据库、WITS 数据库整理计算而得。

二、数据说明

本章的研究涉及三个高度细化的微观数据库：中国工业企业数据库、世界银行 WITS 数据库、CEPII-BACI 数据库。中国工业企业数据库是国家统计局提供的，针对全部国有和规模以上[①]非国有企业的工业统计报表数据库。每个企业样本包含了 100 多个财务会计变量。因此，该数据库中包含了丰富的

① 2011 年以前统计的标准是主营业务收入超过 500 万元的工业法人企业，2011 年以后统计了主营业务收入达到 2000 万元及以上的工业法人企业。

信息，但由于各种原因，部分企业提供的信息可能不够准确，从而使其中一些样本可能存在误导性。如第三章所述，删除了一些不符合基本逻辑关系的错误记录。关于世界银行 WITS 数据库在前文已做介绍，在此不再赘述。从 CEPII-BACI 数据库中，我们获得了产品四位数层面的中国制造业各行业的进口数据，并通过计算进口渗透率分析各企业所面临的进口竞争程度。

由于涉及三组不同种类的数据：制造业行业的划分依据是按照国家统计局的国民经济行业分类（GB/T 4754—2002），计算进口总量与进口关税数据则分别基于 HS6 位码和 HS8 位码，因此，首先需要统一统计口径。本章首先将进口关税数据和进口总量数据的协调编码统计口径统一为 HS 2002 年版本。其次，根据美国普渡大学教授 Hutcheson 提供的 HS 2002 与国际标准产业分类（ISIC/Rev. 3）转换表，以及 GB/T 4754-2002-ISIC（Rev. 3）转换表，得到 HS 2002 与 GB/T 2002 之间的转换关系，从而将进口产品关税数据和进口总量数据与工业企业数据进行匹配。这样，我们就能够在四位数制造业行业层面计算进口渗透率及进口关税等相关指标。

第三节　估计结果及分析

一、基准回归

表 4-2 为最终品关税与市场化改革对企业生产率离散度的基准回归的估计结果。第（1）、（2）、（3）列未控制任何固定效应，第（4）、（5）列依次对控制年份、行业固定效应进行回归。从表 4-2 中可以看到，无论是普通最小二乘法，还是固定效应回归，结果都是稳健的。

各回归估计结果表明，市场化进程指数的估计系数（lscore）均显著为负。市场化程度每提高 1%，生产率离散度将降低 0.0288%~0.0579%。这初步证明了第二章提出的第一个理论假说：市场化改革会提升企业进入国内市场的临界生产率，迫使低效率企业退出市场，促使资源从低生产率企业流向高生产率企业，缩小企业间的 TFPR 离散度。

最终品关税的系数均显著为正，说明最终品关税越低，生产率离散度越低。以第（1）列回归结果为例，最终品关税每降低 1%，行业内生产率离散度将降低 0.072%。这与理论预期强调的一致，贸易自由化通过强化行业的竞争效应，迫使低效率企业退出市场，而缩小了企业间的生产率离散度（Melitz，2003；Bernard 等，2003；Melitz 和 Ottaviano，2008）。

进一步地，市场化进程指数和最终品关税的交互项（c. outduty4#c. lscore）显著为负。这表明，一方面，在同一市场化程度水平下，最终品关税越低，生产率的离散程度较低，贸易自由化能够强化市场化改革对资源配置的效应，降低企业的 TFPR 离散度。理论假说 2 被初步证实：贸易自由化与市场化改革通过共同提高企业进入国内市场的临界生产率，从而发挥了正向的资源再配置作用。另一方面，交互项系数显著为负说明，在同一最终品关税水平下，市场化程度越高，反而会削弱关税降低对生产率离散程度的影响。正如理论假说 3 所预期的，市场化改革通过提升出口市场的临界生产率水平，从而削弱了贸易自由化降低企业间 TFPR 离散度的效应。但是总体上，市场化改革和贸易自由化协同提高企业进入国内市场的临界生产率的效应更大，迫使更多生产率低的企业退出市场，发挥了正向的资源再配置作用。这与耿伟和廖显春（2017）的估计结果保持了一致。

另外，如表 4-2 所示，其他控制变量对企业间 TFPR 离散度具有如下影响。一是行业内消费者转换产品的成本越高，越不利于企业间的竞争，行业内企业间的生产率离散度越大。二是平均行业进入成本估计系数显著为正，说明行业进入成本上升，加大新企业进入市场的风险，在阻碍高效率企业进入市场的同时，也提高了企业退出市场的代价，使部分低效率企业仍存活于市场，拉大了企业间的 TFPR 差异。三是企业固定运营成本对生产率离散程度的估计系数显著为正，说明固定成本越大，越弱化了市场的清除机制与选择效应。四是企业成立时间越长，行业内 TFPR 离散度越低。五是赫芬达尔指数越低，表明市场竞争程度越高，低效率企业退出市场，企业 TFPR 离散度也越低。六是企业间劳动力投入要素差异越大，TFPR 离散度也越大。七是行业内

企业数量越多，越会使企业间生产效率差异和产品差异增加，进而企业间的TFPR离散度会被拉大。

表 4-2　基准回归的估计结果

VARIABLES	(1)	(2)	(3)	(4)	(5)
	lsd_tfp4va	lsd_tfp4va	lsd_tfp4va	lsd_tfp4va	lsd_tfp4va
outduty4	0.0720***		0.3621***	0.3742***	0.3114***
	(0.011)		(0.062)	(0.063)	(0.065)
lscore		−0.0543***	−0.0288***	−0.0579***	−0.0574***
		(0.003)	(0.005)	(0.006)	(0.006)
c. outduty4#c. lscore			−0.1937***	−0.1747***	−0.1337***
			(0.035)	(0.036)	(0.037)
lexpense4	0.0048	0.0080*	0.0073	0.0079*	−0.0293***
	(0.005)	(0.005)	(0.005)	(0.005)	(0.005)
lsunk4	0.0011*	0.0011*	0.0013*	0.0006	−0.0003
	(0.001)	(0.001)	(0.001)	(0.001)	(0.001)
lfcost4	0.1703***	0.1692***	0.1686***	0.1730***	0.1468***
	(0.004)	(0.004)	(0.004)	(0.004)	(0.004)
lage4	−0.0048***	−0.0113***	−0.0115***	−0.0089***	0.0042***
	(0.001)	(0.001)	(0.001)	(0.001)	(0.001)
lhhi4	0.1068***	0.1078***	0.1071***	0.1072***	0.0680***
	(0.008)	(0.008)	(0.008)	(0.008)	(0.008)
lmwage4	0.1190***	0.1175***	0.1181***	0.1162***	0.1624***
	(0.004)	(0.004)	(0.004)	(0.004)	(0.005)
lnumfirm	0.0331***	0.0379***	0.0376***	0.0392***	0.0359***
	(0.001)	(0.001)	(0.001)	(0.001)	(0.001)
Constant	0.4353***	0.5467***	0.4980***	0.5410***	0.5341***
	(0.007)	(0.009)	(0.012)	(0.012)	(0.014)
年份固定效应	N	N	N	Y	Y
行业固定效应	N	N	N	N	Y
Observations	63577	63577	63577	63577	63577
R-squared	0.215	0.219	0.220	0.222	0.265

注：括号内为标准差，*、**、***分别表示10%、5%、1%的显著性水平。

二、内生性问题讨论

值得一提的是，研究贸易自由化与市场化改革对资源配置效率影响时需要考虑其中的内生性问题。首先，尽管贸易自由化会影响企业的生产行为，但是企业凭借其自身的影响力也可能会影响政府的关税政策制定。其次，中国的贸易政策与产业政策是紧密联系的，对不同行业关税的削减也会充分考虑行业的生产率水平和竞争力。这也体现在样本期间内，不同行业间关税减让的差别仍是显著的，说明政策是存在行业偏向性的。最后，中国的市场化改革是一个渐进的过程，是在考虑地区发展水平和行业特征的基础上逐渐推广实行的，同样不可避免地产生内生性。因此，控制贸易自由化与市场化改革的内生性，更准确、全面地考察二者对资源配置的影响是十分必要的。

借鉴 Beaulieu（2000）、毛其淋和盛斌（2014）的研究，本章采用下列方法来构造最终品关税的工具变量。首先，以 2001 年的最终品关税率，对 1998—2000 年的行业主要特征变量（包括总产出、销售额、利润率、工资、劳动从业人数等）的增长率进行横截面回归，得到 2001 年最终品关税的拟合值。其次，以 2001 年最终品关税的拟合值为基期，并根据中国入世协定承诺的关税水平计算得到各年份关税减让变化率，得到 2002—2007 年的最终品关税。同时，借鉴耿伟和廖显春（2017），以及毛其淋和许家云（2015）文献的做法，本章以滞后一期的市场化水平变量作为当期市场化程度的工具变量。在进行两阶段最小二乘法（2SLS）估计时，我们还对计量模型中交互项的内生性问题进行控制。

表 4-3 为工具变量 2SLS 的估计结果。其中，第（1）列仅使用拟合的最终品关税控制内生性；第（2）列在第（1）列的基础上加入市场化改革滞后一期的变量控制内生性；第（3）列在第（2）列的基础上进一步控制年份固定效应和地区固定效应。可以看到，核心变量最终品关税、市场化改革及二者的交互项的估计系数显著。最终品关税与市场化改革交互作用，与企业 TFPR 离散度的负向关系依然稳健地存在。与基准回归相比，交互项的估计系数

绝对值更大，说明忽略内生性问题，可能低估贸易自由化与市场化改革对资源配置效率的影响。此外，对工具变量的统计检验显示，拒绝识别不足检验与弱识别检验，通过过度识别检验，说明我们选择的工具变量是有效的，估计结果是稳健且可靠的。

表 4-3　工具变量 2SLS 的估计结果

VARIABLES	(1)	(2)	(3)
	lsd_tfp4va	lsd_tfp4va	lsd_tfp4va
outduty4	0. 3696***	0. 3438***	0. 4505***
	(0. 084)	(0. 077)	(0. 076)
lscore	−0. 0335***	−0. 0307***	0. 1384***
	(0. 006)	(0. 006)	(0. 027)
c. outduty4#c. lscore	−0. 2016***	−0. 1887***	−0. 2233***
	(0. 046)	(0. 042)	(0. 042)
lexpense4	0. 0063	0. 0063	0. 0052
	(0. 007)	(0. 005)	(0. 005)
lsunk4	0. 0021**	0. 0020***	0. 0009
	(0. 001)	(0. 001)	(0. 001)
lfcost4	0. 1666***	0. 1666***	0. 1737***
	(0. 006)	(0. 004)	(0. 004)
lage4	−0. 0137***	−0. 0131***	−0. 0110***
	(0. 002)	(0. 001)	(0. 001)
lhhi4	0. 1023***	0. 1023***	0. 1179***
	(0. 010)	(0. 009)	(0. 008)
lmwage4	0. 1244***	0. 1244***	0. 1231***
	(0. 007)	(0. 005)	(0. 005)
lnumfirm	0. 0354***	0. 0350***	0. 0387***
	(0. 001)	(0. 001)	(0. 001)
Constant	0. 5123***	0. 5072***	0. 1319**
	(0. 015)	(0. 013)	(0. 061)

续表

VARIABLES	(1)	(2)	(3)
	lsd_tfp4va	lsd_tfp4va	lsd_tfp4va
不可识别条件	4. 7e+04 (0. 0000)	4. 5e+04 (0. 0000)	1. 2e+04 (0. 0000)
弱工具变量	1. 6e+05 (0. 0000)	7. 8e+04 (0. 0000)	4573. 207 (0. 0000)
过度识别检验	0. 760 (0. 3832)	0. 176 (0. 6752)	2. 396 (0. 1216)
年份固定效应	N	N	Y
行业固定效应	N	N	Y
Observations	55952	55952	55952
R-squared	0. 214	0. 214	0. 252

注：括号内为标准差，*、**、***分别表示10%、5%、1%的显著性水平。

三、稳健性检验

我们通过进一步改变主要变量的定义，以及扩展样本时间来验证回归结果的稳健性，估计结果如表4-4所示。第（1）列首先检验了关于企业全要素生产率不同测算方法对回归估计结果的影响。在基准回归中，我们使用OP方法测算的TFPR离散度作为被解释变量，这里将使用LP方法测算的TFPR离散度作为因变量进行回归。第（2）列中采用民营经济比重（Ipshare4）作为市场化改革的替代指标进行重新估计。第（3）列中采用进口渗透率（Limp4）作为贸易自由化的解释变量。第（4）列中采用2008—2013年[①]工业企业数据样本进行检验。各列估计结果显示，各变量的估计系数与基准回归保持一致，这表明本章回归的结果是稳健的：贸易自由化与市场化改革分别有利于降低企业间TFPR离散度，二者交互后，贸易自由化强化了市场化改革提高企业间资源配置效率的作用。

① 由于数据限制，删除了2009年和2010年企业样本数据。

表 4-4　改变核心变量定义的估计结果

VARIABLES	(1) LP 方法计算 TFPR 离散度	(2) 民营经济比重	(3) 进口渗透率	(4) 2008—2013 年样本
outduty4	0. 1822***	0. 1307***		1. 3078***
	(0. 064)	(0. 041)		(0. 083)
lscore	-0. 0400***		0. 0506***	-0. 1052***
	(0. 013)		(0. 012)	(0. 002)
c. outduty4#c. lscore	-0. 0838**			-0. 4208***
	(0. 036)			(0. 045)
lpshare4		-0. 0013		
		(0. 011)		
c. outduty4#c. lpshare4		-0. 1812**		
		(0. 079)		
limp4			-0. 0379**	
			(0. 019)	
c. limp4#c. outduty4			-0. 0206**	
			(0. 009)	
lexpense4	-0. 0124***	0. 0073	-0. 0399***	
	(0. 005)	(0. 007)	(0. 005)	
lsunk4	0. 0231***	0. 0023**	-0. 0042***	
	(0. 001)	(0. 001)	(0. 001)	
lfcost4	0. 1047***	0. 1758***	0. 1319***	
	(0. 004)	(0. 006)	(0. 004)	
lage4	0. 0083***	-0. 0084***	0. 0081***	-0. 0077***
	(0. 001)	(0. 002)	(0. 002)	(0. 001)

续表

VARIABLES	(1) LP 方法计算 TFPR 离散度	(2) 民营经济 比重	(3) 进口 渗透率	(4) 2008—2013 年样本
lhhi4	0.6330***	0.0933***	0.1597***	-0.1084***
	(0.008)	(0.011)	(0.011)	(0.003)
lmwage4	0.1679***	0.1296***	0.1836***	0.1411***
	(0.004)	(0.006)	(0.005)	(0.002)
lnumfirm	0.0977***	0.0349***	0.0721***	-0.0161***
	(0.001)	(0.002)	(0.002)	(0.000)
Constant	-0.1091***	0.4278***	0.2679***	0.7844***
	(0.025)	(0.012)	(0.025)	(0.004)
年份固定效应	Y	Y	Y	Y
行业固定效应	Y	Y	Y	Y
Observations	61295	33792	60671	208359
R-squared	0.374	0.243	0.508	0.305

注：括号内为标准差，*、**、***分别表示10%、5%、1%的显著性水平。

四、异质性分析

（一）不同所有制的企业

考虑到中国企业具有不同所有权类型的特殊性，如外资企业享有较多的政策优惠待遇，国有企业是中国市场化改革的核心主体，所以本章认为最终品关税与市场化改革对资源配置效率的影响也可能存在所有权属性的差异。依据企业实际控股比重，将外资控股比重大于或等于25%的企业定义为外资企业，将国有的实收资本比例超过50%的企业定义为国有企业，本章将样本划分为国有企业、外资企业和私营企业三类，并采用固定效应模型进行估计，其结果如表4-5所示。

表 4-5　不同所有制类型的估计结果

VARIABLES	(1)	(2)	(3)
	外资	国有	私营
	lsd_f	lsd_s	lsd_p
outduty4	-0.4146	0.4286***	0.2980**
	(0.334)	(0.149)	(0.121)
lscore	0.0557**	0.0304**	-0.0297***
	(0.028)	(0.016)	(0.009)
c. outduty4#c. lscore	0.0875	-0.1893**	-0.1289*
	(0.164)	(0.089)	(0.066)
lexpense4	0.1179***	-0.1058***	0.0244***
	(0.014)	(0.012)	(0.008)
lsunk4	0.0209***	-0.0035	0.0134***
	(0.004)	(0.002)	(0.001)
lfcost4	0.0307**	0.1514***	0.0653***
	(0.015)	(0.009)	(0.007)
lage4	-0.0319***	-0.0052	-0.0122***
	(0.007)	(0.004)	(0.002)
lhhi4	-0.1088***	-0.1626***	-0.1195***
	(0.023)	(0.015)	(0.009)
lmwage4	0.0920***	0.1501***	0.1380***
	(0.018)	(0.010)	(0.008)
Constant	0.3431***	0.5745***	0.5136***
	(0.067)	(0.035)	(0.022)
年份固定效应	Y	Y	Y
行业固定效应	Y	Y	Y
Observations	7008	16120	31859
R-squared	0.200	0.230	0.129

注：括号内为标准差，*、**、*** 分别表示 10%、5%、1%的显著性水平。

从表4-5中可以看到，最终品关税与市场化改革的交互作用对国有企业TFPR离散度的降低效应最大，私营企业次之，外资企业最小。首先，市场化改革显著降低了私营企业间TFPR离散度，却提高了国有企业和外资企业的TFPR离散度，可能的原因在于中国改革开放中对外资企业的特殊优惠政策，对国有企业实行“抓大放小”的政策，部分国有企业越做越强，导致市场化改革加大了外资企业、国有企业间的TFPR离散度。其次，最终品关税下降显著降低了本土企业间的TFPR离散度，对外资企业间的TFPR离散度影响不显著，这是因为外资企业一直面临更为激烈和更为广泛的市场竞争，市场竞争力更强，贸易自由化对本土企业的竞争冲击大于外资企业。最后，贸易自由化带来的竞争冲击对国有企业的影响略高于私营企业。

（二）不同地区的企业

不同地区在地理条件、要素资源禀赋和经济发展等多方面是存在差异的，这不仅直接决定了其内部区域市场化改革的程度，也导致各地区在贸易自由化的传导上存在非对称性。本部分将样本省份分为东部、中部和西部三大区域，分别进行子样本回归，估计结果如表4-6所示。结果表明，最终品关税与市场化改革的交互作用显著降低了中部地区的企业间TFPR离散度，对西部地区的影响不显著，对东部地区企业间TFPR离散度几乎没有影响。背后的原因可能在于，东部地区濒临海洋，拥有政治、经济优势及海、陆、空便利的交通网络，出口企业与外资企业相对较多，最终品关税削减对企业间TFPR离散度的影响不显著。另外，市场化改革反而提高了中部地区企业间TFPR离散度，这可能与中部各省采取的战略相关。中部各省积极出台吸引企业的相关政策，放宽了企业进入市场的标准，从而导致企业间TFPR离散度上升。随着最终品关税的削减，贸易自由化与市场化改革极大地提高了中部地区的资源配置效率。

表 4-6　不同地区企业的估计结果

VARIABLES	(1)	(2)	(3)
	东部	中部	西部
	lsd_tfp4va	lsd_tfp4va	lsd_tfp4va
outduty4	0.0892	0.6911***	0.2986**
	(0.116)	(0.170)	(0.145)
lscore	−0.2260***	0.1361***	−0.0193
	(0.010)	(0.030)	(0.016)
c. outduty4#c. lscore	0.0033	−0.4596***	−0.1177
	(0.061)	(0.116)	(0.096)
lexpense4	−0.0292***	−0.0587***	−0.0141
	(0.005)	(0.011)	(0.011)
lsunk4	0.0101***	−0.0059***	−0.0126***
	(0.001)	(0.002)	(0.002)
lfcost4	0.1319***	0.1682***	0.1449***
	(0.005)	(0.008)	(0.009)
lage4	0.0085***	0.0047*	0.0020
	(0.002)	(0.003)	(0.003)
lhhi4	0.0180*	0.1680***	0.2025***
	(0.011)	(0.018)	(0.019)
lmwage4	0.1549***	0.1795***	0.1856***
	(0.006)	(0.008)	(0.010)
lnumfirm	0.0182***	0.0680***	0.0832***
	(0.002)	(0.003)	(0.004)
Constant	0.8293***	0.2013***	0.4342***
	(0.023)	(0.052)	(0.031)
年份固定效应	Y	Y	Y
行业固定效应	Y	Y	Y
Observations	31320	16644	15604
R-squared	0.314	0.315	0.307

注：括号内为标准差，*、**、*** 分别表示 10%、5%、1%的显著性水平。

（三）不同要素密集度企业

不同要素密集度决定了企业在市场竞争中的比较优势。本部分考察了贸易自由化与市场化改革对资源配置效率的影响是否存在行业异质性，估计结果如表4-7所示。比较而言，最终品贸易自由化与市场化改革对技术密集型行业的资源配置效率的提升效应最高，资本密集型企业次之，劳动密集型企业最低。技术密集型企业主要依赖技术和智力要素的投入，以及贸易自由化带来的促进竞争作用，激励了企业积极从事研发创新活动，致使低技术企业退出市场，并与市场化改革一同降低了企业间的TFPR离散度。

值得注意的是，在劳动密集型样本中，最终品关税与市场化改革的交互项的系数不显著。这可能是因为劳动密集型企业在我国经济结构中占有较大比重，样本期间，我国的劳动力成本更是显著地助力了劳动密集型企业的出口比较优势的发挥。特别是劳动密集型产业中包含大量加工贸易企业，这部分企业只是进行产品组装和加工的劳动密集型低端生产环节。随着市场化改革的推进，大量低效率出口企业间的生产活动扩大。因此，最终品关税削减和市场化改革降低劳动密集型企业间TFPR离散度的影响不显著。而资本密集型产业主要包括基础工业和重工业，具有较大的沉没成本，贸易自由化与市场化改革对这类企业进入、退出市场的效应居中。

表4-7 不同要素密集度企业的估计结果

VARIABLES	(1)	(2)	(3)
	劳动密集型	资本密集型	技术密集型
	lsd_tfp4va	lsd_tfp4va	lsd_tfp4va
outduty4	0.0871	0.4026***	0.4365***
	(0.105)	(0.141)	(0.152)
lscore	−0.0263**	−0.0169	−0.0050
	(0.012)	(0.010)	(0.011)
c. outduty4#c. lscore	−0.0752	−0.1938**	−0.2423***
	(0.058)	(0.082)	(0.077)

续表

VARIABLES	(1)	(2)	(3)
	劳动密集型	资本密集型	技术密集型
	lsd_tfp4va	lsd_tfp4va	lsd_tfp4va
lexpense4	-0.0282***	-0.0242***	-0.0558***
	(0.008)	(0.008)	(0.009)
lsunk4	0.0052***	0.0032***	0.0143***
	(0.002)	(0.001)	(0.002)
lfcost4	0.1204***	0.1615***	0.1344***
	(0.007)	(0.006)	(0.008)
lage4	0.0124***	0.0011	-0.0041
	(0.003)	(0.002)	(0.003)
lhhi4	-0.0900***	-0.1392***	-0.0576***
	(0.011)	(0.008)	(0.011)
lmwage4	0.2006***	0.1513***	0.1708***
	(0.008)	(0.007)	(0.009)
Constant	0.5501***	0.5668***	0.4573***
	(0.027)	(0.022)	(0.027)
年份固定效应	Y	Y	Y
行业固定效应	Y	Y	Y
Observations	17582	27602	18393
R-squared	0.282	0.234	0.260

注：括号内为标准差，*、**、***分别表示10%、5%、1%的显著性水平。

第四节 影响机制检验与分析

通过前文分析，本书得到的核心结论是，最终品关税削减与市场化改革显著降低了企业间的TFPR离散度，优化了资源配置效率。那么，最终品关税削减与市场化改革可能通过什么渠道优化资源配置效率呢？本小节将试图通过构建中介效应模型，对其可能的传导机制进行检验，深入揭示最终品关税削减、市场化改革及资源配置效率的内在变动关系。

一、对中介效应模型的设定

通过第二章的理论分析可知，最终品关税与市场化改革主要通过影响企业进入国内市场的临界生产率，以及出口与非出口企业间的生产率差异这两个渠道影响企业间的 TFPR 离散度。据此，本章也将企业进入国内市场的临界生产率和企业间的生产率差异作为中介变量，构造中介效应模型进行回归分析。中介效应模型构建主要包含三个步骤：第一，通过因变量企业间的 TFPR 离散度对基本自变量进行回归；第二，通过中介变量临界生产率和企业间的相对生产率差异对基本自变量进行回归；第三，因变量对基本自变量和中介变量进行回归。本节的中介效应模型设定如下。

$$
\begin{aligned}
dispersion(tfpr)_{ijt} = {} & \alpha_0+\alpha_1 marketing_{ijt}+\alpha_2 Outputduty_{jt}+\alpha_3 marketing_{it}\times Outputduty_{jt}+ \\
& \alpha_4 X_{ijt}+v_i+v_j+v_t+\varepsilon_{ijt} \\
lmintfp_{ijt} = {} & \alpha_0+\alpha_1 marketing_{ijt}+\alpha_2 Outputduty_{jt}+\alpha_3 marketing_{it}\times Outputduty_{jt}+ \\
& \alpha_4 X_{ijt}+v_i+v_j+v_t+\varepsilon_{ijt} \\
labstfp_{ijt} = {} & \alpha_0+\alpha_1 marketing_{ijt}+\alpha_2 Outputduty_{jt}+\alpha_3 marketing_{it}\times Outputduty_{jt}+ \\
& \alpha_4 X_{ijt}+v_i+v_j+v_t+\varepsilon_{ijt} \\
dispersion(tfpr)_{ijt} = {} & \alpha_0+\alpha_1 marketing_{ijt}+\alpha_2 Outputduty_{jt}+\alpha_3 marketing_{it}\times Outputduty_{jt}+ \\
& \alpha_4 lmintfp_{ijt}+\alpha_5 labstfp_{ijt}+X_{ijt}+v_i+v_j+v_t+\varepsilon_{ijt}
\end{aligned}
\tag{4-3}
$$

其中，$lmintfp_{ijt}$ 表示企业进入国内、国外市场的临界生产率，$labstfp_{ijt}$ 表示出口与非出口企业间的相对生产率差异。

二、对影响渠道的初步检验

根据本书在前文的理论分析可以得出，最终品关税削减与市场化改革对企业进入国内、国外市场的临界生产率是存在差异化影响的。具体来讲，最终品关税削减会提升企业进入国内市场的临界生产率，降低企业进入出口市

场的临界生产率，有效缩小出口与非出口企业之间的TFPR离散度。对比之下，市场化改革则会提升企业进入国内、国外市场的临界生产率，但对企业进入出口市场临界生产率的提升效应，低于对国内市场临界生产率的提升效应，从而也进一步缩小了出口企业与非出口企业之间的TFPR离散度程度。然而，贸易自由化与市场化改革分别对出口市场临界生产率具有完全的反向作用，市场化改革反而弱化了贸易自由化缩小部门间企业生产率差异的效应。接下来，本部分将对这些结论进行逐一验证。

（一）贸易自由化与市场化改革对临界生产率的协同影响

对于临界生产率变量，采用t年i省份j行业第10%分位数的生产率水平进行度量。表4-8中第（1）~（3）列、第（4）~（6）列分别报告了贸易自由化与市场化改革对企业进入国内市场临界生产率、出口市场临界生产率的影响。其中，第（1）、（4）列控制了年份、地区固定效应，第（2）、（5）列控制了年份、行业固定效应，第（3）、（6）列控制了年份固定效应。

第（1）~（3）列的预估结果显示，对于企业进入国内市场的临界生产率，最终品关税的估计系数显著为负，市场化改革的估计系数显著为正，交互项的估计系数也显著为正。这是因为，随着最终品关税削减，市场竞争变得更加激烈，这迫使更多低效生产率企业退出市场，企业进入国内市场的临界生产率随之提升。市场化改革通过缓解企业生产的市场扭曲，具有较高生产率企业的生产扩张同样会加剧市场资源的竞争，淘汰具有较低生产率企业，因而也对国内市场的临界生产率有正向影响。最终品关税与市场化改革的交互项的系数显著为正，表明贸易自由化强化了市场化改革对国内市场临界生产率的提升作用。

在第（4）~（6）列估计结果中，最终品关税的估计系数显著为正，表明其降低了企业出口市场的临界生产率。最终品关税削减，降低了企业出口的成本，更多生产率相对较低的企业选择出口市场，出口市场的临界生产率下降，这与Melitz（2003）理论的预期是一致的。市场化改革的估计系数也显著为正，这是因为市场化改革通过缓解市场扭曲，同样也有助于高生产率出口企业的生产扩张活动，迫使低生产率出口企业退出市场，从而提高出口市场的临界生产率。可见，最终品关税削减与市场化改革对出口临界生产率具有完全相反的作用，因此，二者的交互项系数显著为正，说明市场化改革弱化了最终品关税减让降低出口市场临界生产率水平的效应。

表 4-8　贸易自由化与市场化改革对临界生产率的影响

VARIABLES	(1)	(2)	(3)	(4)	(5)	(6)
	企业进入国内市场临界生产率			企业进入出口市场临界生产率		
	lmintfp5a	lmintfp5a	lmintfp5a	lmintfp5b	lmintfp5b	lmintfp5b
outduty4	-0.4084***		-1.7031***	1.1119***		-0.8793
	(0.055)		(0.273)	(0.124)		(0.703)
lscore		0.6613***	0.6227***		0.1324***	0.0556
		(0.016)	(0.026)		(0.035)	(0.058)
c. outduty4#c. lscore			0.7786***			1.0868***
			(0.161)			(0.376)
lexpense4	0.2882***	0.3140***	0.3056***	-0.0867**	-0.0790**	-0.0606
	(0.020)	(0.018)	(0.020)	(0.042)	(0.040)	(0.042)
lsunk4	-0.1441***	-0.1270***	-0.1445***	-0.1384***	-0.1066***	-0.1370***
	(0.003)	(0.003)	(0.003)	(0.006)	(0.007)	(0.006)
lfcost4	-0.6699***	-0.6213***	-0.6361***	-0.4537***	-0.2286***	-0.4172***
	(0.017)	(0.015)	(0.017)	(0.039)	(0.036)	(0.039)
lage4	-0.1720***	-0.1159***	-0.1737***	-0.0887***	0.0129	-0.0858***
	(0.005)	(0.005)	(0.005)	(0.012)	(0.011)	(0.011)
lhhi4	1.3018***	1.2089***	1.3679***	1.4453***	1.2779***	1.4685***
	(0.035)	(0.032)	(0.036)	(0.073)	(0.068)	(0.073)
lmwage4	-1.3583***	-1.3749***	-1.3829***	-0.8121***	-1.0199***	-0.8579***
	(0.019)	(0.017)	(0.019)	(0.044)	(0.041)	(0.043)
lnumfirm	-0.0316***	-0.0297***	-0.0167***	0.0134	0.0033	0.0159
	(0.006)	(0.006)	(0.006)	(0.011)	(0.011)	(0.011)

续表

VARIABLES	(1)	(2)	(3)	(4)	(5)	(6)
	企业进入国内市场临界生产率			企业进入出口市场临界生产率		
	lmintfp5a	lmintfp5a	lmintfp5a	lmintfp5b	lmintfp5b	lmintfp5b
Constant	3.4228***	1.9418***	2.2816***	3.2883***	2.7113***	3.1477***
	(0.032)	(0.041)	(0.055)	(0.066)	(0.097)	(0.131)
年份固定效应	Y	Y	Y	Y	Y	Y
行业固定效应	N	Y	N	N	Y	N
Observations	60890	60890	60890	16682	16680	16682
R-squared	0.480	0.595	0.465	0.272	0.448	0.262

注：括号内为标准差，*、**、***分别表示10%、5%、1%的显著性水平。

（二）贸易自由化与市场化改革对企业间生产率差异的协同影响

企业“出口—生产率”关系的相关文献普遍证实了出口企业与非出口企业的生产率存在显著的差异（李春顶，2010）。然而，企业出口的“自我选择效应”与“出口学习效应”，导致对于出口企业与非出口企业之间的生产率差异的相关研究存在样本选择偏误和内生性问题。为了更加准确地估计出贸易自由化与市场化改革对企业间生产率差异的影响，本部分采用倾向得分匹配法（PSM）来获得出口企业与非出口企业之间的生产率差异。

参照钱学锋等（2016b）的研究，本章选取的匹配变量包括企业的就业人数、资本存量、销售额、利润率、企业年龄，以及四位数行业层面的赫芬达尔指数，平均行业产品的替代性程度和平均行业进入成本。为最大可能地避免内生性，本章选用了这些主要特征变量的滞后一期进行匹配。定义企业是否为出口企业的虚拟变量，处理组即出口企业，对照组为非出口企业。为了确保匹配结果的可靠性，本章还进行了匹配平衡性检验，匹配平衡性条件为企业是否进行了跨区域经营行为，并且其行为与特征向量之间是相互独立的。检验结果表明，在进行匹配之后，处理组企业与对照组企业在匹配变量的标准偏差的绝对值均不到10%，匹配后的t值也不显著。这说明，匹配满足了平衡性假设，本章对匹配变量和匹配方法的选取是恰当的。

采用一对一最近邻匹配法进行匹配后，运用平均处理效应得到出口企业与非出口企业间生产率的平均差异，如图4-9所示。可以看到，整体上，出口企业与非出口企业间的绝对生产率差异呈现总体下降的趋势，从2000年的1.139下降到2007年的1.098。从时间段来看，2000—2002年降幅最大，这也是中国入世关税削减最大的阶段。但是，在2002—2007年，出口企业与非出口企业间生产率差异缩小的幅度显著降低，说明还存在其他因素干扰了最终品关税削减缩减企业间生产率差异的效应。

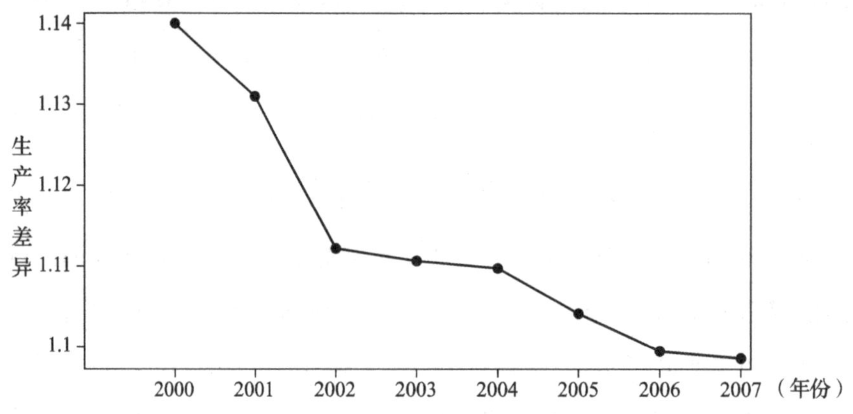

图4-9　2000—2007年出口企业与非出口企业间生产率的平均差异

表4-9呈现了贸易自由化与市场化改革对企业间生产率差异（Labstfp）的影响。其中，第（1）~（3）列未控制任何固定效应，第（4）列控制了行业和地区固定效应。可以看到，在第（1）列中，最终品关税的估计系数显著为正，说明企业间生产率差异随着最终品关税削减而逐步降低。如前所述，最终品关税下降，在提高企业进入国内市场临界生产率的同时，降低了出口市场的临界生产率，缩小了企业间的生产率差异，优化了资源配置效率。第（2）列中，市场化改革的估计系数显著为负，表明市场化改革有利于降低企业间的生产率差异。背后的逻辑在于，尽管市场化改革同时促进了企业进入国内市场和出口市场临界生产率的上升，但是其对国内市场临界生产率的提升效应大于其对出口市场临界生产率的提升效应，使出口

企业和非出口企业之间的生产率差距缩小。在第（3）~（4）列中，最终品关税与市场化改革的交互项的系数显著为负，说明市场化改革由于提升了出口临界生产率而弱化了贸易自由化缩小部门间生产率差异的效应，理论假说3得到验证。

表 4-9 贸易自由化与市场化改革对企业间生产率差异的影响

VARIABLES	(1)	(2)	(3)	(4)
	labstfp	labstfp	labstfp	labstfp
outduty4	0.0750***		0.0848***	0.0661***
	(0.001)		(0.006)	(0.005)
lscore		-0.0329***	-0.0278***	-0.0663***
		(0.000)	(0.001)	(0.001)
c. outduty4#c. lscore			-0.0216***	-0.0227***
			(0.003)	(0.003)
lexpense4	-0.0022***	0.0005	-0.0009**	-0.0010***
	(0.000)	(0.000)	(0.000)	(0.000)
lsunk4	-0.0004***	-0.0005***	-0.0005***	0.0003***
	(0.000)	(0.000)	(0.000)	(0.000)
lfcost4	0.0045***	0.0037***	0.0038***	0.0006*
	(0.000)	(0.000)	(0.000)	(0.000)
lage4	0.0050***	0.0023***	0.0023***	0.0004***
	(0.000)	(0.000)	(0.000)	(0.000)
lhhi4	-0.0014*	-0.0008	-0.0006	-0.0003
	(0.001)	(0.001)	(0.001)	(0.001)
lmwage4	0.0002	-0.0010**	-0.0007*	0.0006
	(0.000)	(0.000)	(0.000)	(0.000)
lnumfirm	-0.0010***	0.0018***	0.0018***	-0.0001
	(0.000)	(0.000)	(0.000)	(0.000)
Constant	0.1541***	0.2240***	0.2087***	0.2811***
	(0.001)	(0.001)	(0.001)	(0.001)

续表

VARIABLES	(1)	(2)	(3)	(4)
	labstfp	labstfp	labstfp	labstfp
行业固定效应	N	N	N	Y
年份固定效应	N	N	N	Y
Observations	77658	77658	77658	77658
R-squared	0.089	0.194	0.213	0.406

注：括号内为标准差，*、**、***分别表示10%、5%、1%的显著性水平。

三、中介效应模型的估计结果

表4-10呈现了贸易自由化与市场化改革对资源配置效率的影响渠道检验结果。其中，第（1）列和第（5）列是最终品关税与市场化改革对企业TFPR离散度的基准回归模型，第（5）列在第（1）列的基础上加入其他控制变量、行业和年份固定效应。

第（2）~（4）列分别依次在第（1）列的基础上，加入中介变量出口—非出口企业间生产率差异和临界生产率，其回归结果显示，出口—非出口企业间生产率差异的估计系数显著为正，即企业间的TFPR离散度会随着出口—非出口企业间生产率差异扩大而扩大。临界生产率（Lmintfp5a）的估计系数显著为负，说明企业进入国内市场的临界生产率越高，企业间的TFPR离散度越低。与第（1）列的回归结果相比，第（2）~（4）列中最终品关税与市场化改革交互项的估计系数绝对值有大幅下降，甚至变得不显著。这就说明了临界生产率和出口—非出口企业间生产率差异是贸易自由化与市场化改革协同改善资源配置效率的两类可能渠道。第（5）~（6）列加入其他控制变量、行业和年份固定效应后，交互项系数绝对值从0.1747降至0.0301，且在统计上变得不显著，再次稳健地支持了上述主要结论。

此外，通过对中介变量进行Sobel检验（Sobel，1987），得到临界生产率和出口—非出口企业间生产率差异相伴随概率值均小于0.005，即通过了检验。这进一步验证了临界生产率和出口—非出口企业间生产率差异中介效应

的存在，是最终品贸易自由化与市场化改革优化资源配置效率的重要渠道。

表 4-10　基于中介效应模型的估计结果

VARIABLES	(1)	(2)	(3)	(4)	(5)	(6)
	lsd_tfp4va	lsd_tfp4va	lsd_tfp4va	lsd_tfp4va	lsd_tfp4va	lsd_tfp4va
outduty4	0.6207***	0.5938***	0.1467**	0.2282***	0.3114***	0.0959
	(0.070)	(0.077)	(0.057)	(0.064)	(0.065)	(0.061)
lscore	-0.0065	-0.0058	0.0564***	0.0489***	-0.0574***	0.0188***
	(0.006)	(0.006)	(0.005)	(0.005)	(0.006)	(0.005)
labstfp		0.1698***		0.0819***		0.0689***
		(0.004)		(0.003)		(0.003)
lmintfp5a			-0.1213***	-0.1139***		-0.1427***
			(0.001)	(0.001)		(0.001)
c. outduty4#c. lscore	-0.3201***	-0.3125***	-0.0384	-0.0846**	-0.1747***	-0.0301
	(0.040)	(0.042)	(0.032)	(0.035)	(0.036)	(0.034)
lexpense4					0.0079*	0.0172***
					(0.005)	(0.004)
lsunk4					0.0006	-0.0069***
					(0.001)	(0.001)
lfcost4					0.1730***	0.0586***
					(0.004)	(0.004)
lage4					-0.0089***	-0.0139***
					(0.001)	(0.001)
lhhi4					0.1072***	0.1002***
					(0.008)	(0.007)
lmwage4					0.1162***	-0.0281***
					(0.004)	(0.004)
lnumfirm					0.0392***	0.0291***
					(0.001)	(0.001)

续表

VARIABLES	(1)	(2)	(3)	(4)	(5)	(6)
	lsd_tfp4va	lsd_tfp4va	lsd_tfp4va	lsd_tfp4va	lsd_tfp4va	lsd_tfp4va
Constant	0.6621***	0.5371***	0.6913***	0.6380***	0.5410***	0.7315***
	(0.010)	(0.011)	(0.009)	(0.010)	(0.012)	(0.013)
行业固定效应	N	N	N	N	Y	Y
年份固定效应	N	N	N	N	Y	Y
Observations	63624	53204	63619	53204	63577	53194
R-squared	0.006	0.044	0.339	0.340	0.222	0.485

注：括号内为标准差，*、**、***分别表示10%、5%、1%的显著性水平。

第五节 进一步分析：资源配置效率的动态分解

一、MP方法的简要介绍

本章直接考察了最终品关税与市场化改革对企业间TFPR离散度的影响。本节将基于Melitz和Polanec（2015）的分解思路，深入地考察贸易自由化与市场化改革对资源配置效率各细分部分的影响。根据Melitz和Polanec（2015）的研究，行业总体的生产率动态分解式表达如下

$$\Delta TFP = \underbrace{\overline{\Delta TFP_{St}}}_{\text{水平变动效应}} + \underbrace{\Delta cov_s}_{\text{份额配置效应}} + \underbrace{\sum_{i \in N} \theta_{it}(TFP_{Nt} - TFP_{St})}_{\text{进入生率效应}} + \underbrace{\sum_{i \in X} \theta_{it-1}(TFP_{St-1t} - TFP_{Nt-1})}_{\text{退出生产率效应}} \tag{4-4}$$

其中，在MP分解式等式的右边，第（1）项为存续企业在t期与t-1期的自身生产率水平变动效应。第（2）项为存续企业间的市场资源再配置效应，用存续企业的销售份额与生产率的协方差在两期之间的差值进行分析其经济学含义为：如果该项越大，表明生产率较高的企业也相应地得到了较多的资源，此时资源再配置效率得到提高，反之，则表明资源再配置效率出现

下降。第（3）项为进入生产率效应，即新进入企业带来的总体生产率变动，用新进入企业与存续企业间的加权生产率差异表示。第（4）项为退出生产率效应，即退出企业带来的总体生产率变动，用存续企业与退出企业之间的加权生产率差异表示。之所以采用 MP 方法，是因为该方法立足于异质性企业贸易理论，允许根据不同方式定义企业进入和退出市场的行为，而且能为进入和退出企业选择不同的参照组，能更为准确地捕捉某一行业总体生产率内部结构的变动情况。相比之下，以往的 BHC、FHK、GR 方法难以明确反映企业生产率与资源分布的互动效应，且都忽视了企业生产率的动态变化，对进入和退出效应的衡量会不可避免地出现偏差，从而导致生产率分解结果的有偏估计（吴利学等，2016；毛其淋和许家云，2015）。

二、中国制造业企业进入与退出情况

在使用 MP 分解方法之前，首先需要识别进入企业、退出企业和存续企业。这里，借鉴马弘等（2012）的方法，结合企业的成立年份、营业状态和出现在样本中的初始年份，定义在某年份消失但尔后又出现的企业为存续企业[①]；定义在第 t-1 期不出现，而在第 t 期出现的企业为进入企业；定义第 t 期出现，而在第 t+1 期及之后均不出现的企业为退出企业。1999—2007 年中国制造业企业进入、退出的基本情况如表 4-11 所示。

可以看到，在 1999—2007 年，中国制造业企业整体上保持了较高的进入、退出率。除去首位时间点，企业进入比重较高的两年是 2001、2004 年，比重分别达到 25.75%和 36.6%；企业退出比率较高的两年是 2000、2003 年，比重分别达到 26.69%和 30.16%，这与中国 2001 年“入世”、2002 年和 2005 年大幅降低产品税率的时间点是十分契合的。这说明，最终品关税大幅下降可能促进了中国制造业企业的进入、退出市场行为，优化了资源再配置。此外，如表 4-11 所示，退出企业的生产率普遍低于存续企业，但是新进入企业在 2004 年之前的生产率总体上高于存续企业，在 2004 年之后略低于存续企业。

① 因为这很有可能是由企业规模变动导致的。

表 4-11　1999—2007 年中国制造业企业进入、退出的基本情况

年份	进入企业		存续企业		退出企业	
	生产率	企业数占比（%）	生产率	企业数占比（%）	生产率	企业数占比（%）
1999	2.3007	81.66	—	—	2.0540	18.34
2000	2.3938	17.24	2.3888	56.07	2.2572	26.69
2001	2.6365	25.75	2.4805	58.31	2.2941	15.94
2002	2.7000	15.93	2.6474	64.07	2.5134	20.00
2003	2.8305	16.38	2.7919	53.46	2.7633	30.16
2004	2.8670	36.60	2.8434	48.26	2.7924	15.14
2005	2.7900	12.86	2.9933	77.44	2.8455	9.70
2006	2.9379	15.35	3.1040	74.99	2.9085	9.66
2007	3.0371	17.87	3.2514	82.13	—	—
总体均值	2.7215	26.63	2.8126	64.34	2.5536	18.20

资料来源：作者通过中国工业企业数据库整理计算得来。

三、资源配置效率动态分解的估计结果

表 4-12 呈现了最终品贸易自由化与市场化改革对生产率各分解部分的回归结果，各列回归均控制了行业、年份、地区固定效应。第（1）列回归结果显示，市场化改革能够显著地促进总体生产率的提升，而最终品关税不仅直接提高了总体生产率，还进一步强化了市场化改革对总体生产率的提升作用。第（2）列估计结果表明，最终品贸易自由化与市场化改革对存续企业生产率的影响与总体生产率一致。第（3）列估计结果显示，尽管在统计上不显著，最终品贸易自由化与市场化改革均对市场份额再配置效率有促进作用。尤其二者交互项的估计系数显著为负，说明市场化改革与最终品贸易自由化协同优化了市场份额再配置效率，再次验证了理论假说 2 和前文的分析。第（4）列结果表明，市场化改革由于纠正了市场扭曲，有利于扩大存续企业的市场份额，提升企业进入市场的门槛值，降低了新进入市场企业带来的生产率效应。最终品关税贸易自由化由于提升了企业进入国内市场的临界生产率，不仅直接降低了进入生产率效应，还进一步强化了市场化改革对进入生产率效应的负向作用。第（5）列结果说明，最终品贸易自由化对退出生产率效应不显著；市场化改

革通过缓解企业面临的市场扭曲，降低企业的退出效应；交互项系数不显著表明退出生产率效应并非是二者影响生产率增长的重要渠道之一。

表 4-12 基于 MP 生产率分解法的结果

VARIABLES	(1) 总体生产率变动效应 dstfp	(2) 生产率水平变动效应 kdtfp	(3) 市场份额再配置效应 dcov1	(4) 进入生产率效应 nkdtfp	(5) 退出生产率效应 kxhtfp
outduty4	-0.5013***	-0.8351***	-0.0632	0.5569***	-0.0199
	(0.040)	(0.024)	(0.039)	(0.045)	(0.036)
lscore	0.0347***	0.1203***	0.0092	-0.0950***	-0.0239***
	(0.009)	(0.006)	(0.009)	(0.011)	(0.009)
c. outduty4#c. lscore	0.1350***	0.3801***	-0.0851***	-0.2577***	0.0159
	(0.020)	(0.012)	(0.019)	(0.023)	(0.019)
Constant	0.0681***	-0.1439***	0.0195	0.1931***	0.0460***
	(0.019)	(0.011)	(0.019)	(0.022)	(0.017)
行业固定效应	Y	Y	Y	Y	Y
年份固定效应	Y	Y	Y	Y	Y
Observations	1144524	1184535	797679	373269	198614
R-squared	0.026	0.111	0.027	0.042	0.023

注：括号内为标准差，*、**、***分别表示 10%、5%、1%的显著性水平。

本章小结

改革开放 40 多年来，对外最终品关税不断降低，对内市场化改革日益深化。而在这一过程中，最终品贸易自由化与市场化改革政策是如何影响中国制造业的资源配置效率的？尤其是最终品贸易自由化与市场化改革的同步推进，是互相强化还是削弱了另一方对资源配置效率的影响？最终，二者是共同提高还是降低了市场间的资源配置效率，其影响机制又是什么？本章利用 1999—2007 年的中国工业企业数据和 WITS 关税数据库及 BACI 进口数据，实证考察了最终品贸易自由化与市场化改革对企业间资源配置的影响。本章的要点包括以下内容。

第一，基准回归首先从数据上验证了第二章的理论假说 1 和理论假说 2 的结论。1999—2007 年，市场化改革对企业间资源配置效率具有显著的正向影响。最终品贸易自由化不仅提高了资源配置效率，更强化了市场化改革对资源配置效率的提升作用。

第二，对不同样本的估计结果表明，最终品关税下降与市场化改革的交互作用对国有企业 TFPR 离散度的降低效应最大，私营企业次之，外资企业最小。东部、中部、西部地区子样本的回归结果显示，最终品关税下降与市场化改革的协同作用对中部地区的资源配置效率最显著，对东部、西部地区企业间的 TFPR 离散度的影响不明显。此外，最终品贸易自由化与市场化改革显著地提升了技术密集型行业的资源配置效率，对资本密集型行业的资源配置效率及对劳动密集型行业的资源配置效率不显著。

第三，利用倾向得分匹配方法，并基于中介效应模型进行机制分析的结果表明，最终品关税下降与市场化改革通过影响临界生产率和出口—非出口企业间生产率差异这两个渠道，显著提升了企业间的资源配置效率。具体地，最终品关税下降与市场化改革，一方面共同提高了企业进入国内市场的临界生产率；另一方面降低了出口与非出口企业间的生产率差异，不仅迫使低生产率企业退出市场，还优化了企业间的市场资源配置，从而降低了企业间的 TFPR 离散度。

第四，基于 MP 生产率分解方法对总体生产率的分解结果表明，最终品贸易自由化与市场化改革通过提高市场份额的配置效率和存续企业的生产率水平，显著提升了总体生产率。此外，最终品贸易自由化与市场化改革降低了企业进入市场的生产率效应，并促使具有较低生产率的企业退出市场，这也较好地解释了最终品贸易自由化与市场化改革是如何降低企业间 TFPR 离散度的。

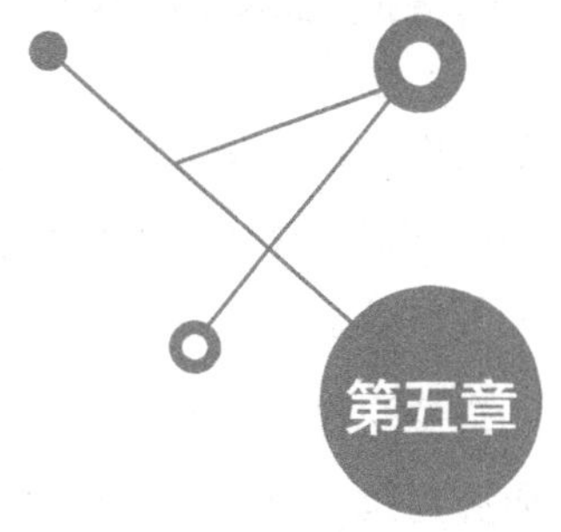

市场化改革与中间品贸易自由化对资源配置效率的交互影响

第四章考察了市场化改革与最终品贸易自由化对中国制造业资源配置效率的协同影响，结果表明，贸易自由化不仅提高了资源配置效率，更是强化了市场化改革对资源配置效率的提升作用。不过，一国的贸易自由化除了会引致促进竞争效应，还会为国内企业带来多样化、高质量的中间投入要素，进而对企业生产率及其分布产生影响。Goldberg 等（2009，2010）对印度的研究发现，中间品关税削减显著扩大了进口中间投入品的种类范围，中间投入品种类的增加又会进一步提升企业生产率（钱学锋等，2013）。此外，中间投入品关税减让还会直接降低企业的生产成本，便于企业从国外获得高质量、多样化的中间投入要素，提高企业的研发创新能力和生产率水平（Bustos，2011；陈雯和苗双有，2016；田巍和余淼杰，2014）。值得一提的是，中间投入品关税削减带来的成本节约和多样化要素投入，除了提升总体生产率水平，也可能会抑制生产率低端分布企业的退出（毛其淋，2013），从而拉大企业间的 TFPR 离散度。如果进一步考虑到各个地区的产业结构差异，那么，中间品贸易自由化带来的资源配置效率影响对于不同地区的冲击也是不同的，这构成了本章在地区层面识别贸易自由化效应差异的基础。

因此，本章的研究落脚点在于分析中间投入品关税削减和市场化改革对不同区域资源配置效率的协同影响。与现有文献相比，本章可能在以下三个方面有所贡献。第一，在研究视角上，现有文献考察贸易自由化与市场化改革对资源配置效率的影响时，大多强调的是最终品贸易自由化带来的促进竞争效应（田荣华，2015；耿伟和廖显春，2017；耿伟和魏荣，2018），忽视了中间品贸易自由化为企业节约成本、带来优质多样化的中间投入要素的影响。本章我们考察的是中间品关税削减在空间上的非对称传导效应，以及其带来的资源配置效率差异。这拓展了现有考察贸易自由化配置资源的研究边际和研究视角。第二，在研究内容上，尽管大量文献证实了中间品贸易自由化对企业生产率的提升作用，却忽略了地区市场化程度对关税减让的传导作用。本章考察中间品贸易自由化与市场化改革对资源配置效率的影响，深化和丰富了中间品贸易自由化效应的研究。毛其淋和许家云（2015）虽然考察了制度质量与中间品贸易自由化对生产率和生产率分布的影响，却缺乏深入的机制分析。第三，在研究方法上，在区分不同地区异质性贸易自由化效应的基础上，采用双重差分法可以更为准确地评估中间品贸易自由化对地区资源配置效率的差异化影响，以降低内生性问题导致的估计偏差。

本章研究发现，与最终品贸易自由化与市场化改革对资源配置效率的影响不同，中间品贸易自由化与市场化改革在配置资源方面的互补性更强。这一结论在进行相关稳健性检验后仍是稳健的。当然，中间品贸易自由化与市场化改革对资源配置效率的影响存在企业所有制、地区及行业差异性，其中，对私营企业、东部地区、技术密集型行业的作用力相对较大。机制分析表明，中间投入品关税削减与市场化改革主要通过影响企业进入、退出市场的概率，企业从事研发活动的积极性，以及提升企业投入要素的边际产品价值这三种渠道调整微观企业间的资源配置效率。

本章的结构安排为：第一节是对中国特色的渐进式改革开放模式背景的介绍，强调贸易自由化在地区间的非对称传导，以及地区间市场化改革差异对资源配置效率的异质性影响；第二节介绍了中间投入品关税、地区贸易自由化指标的构建；第三节是对本章的计量模型的构造说明；第四节进一步探讨中间品贸易自由化与市场化改革影响资源配置效率的机制；第五节考察了贸易自由化与市场化改革对地区层面资源配置效率的影响；最后是本章小结。

第一节　中国特色的渐进式改革开放模式

一、区域开放：多层次市场梯度开放的历史进程

我国 40 多年的改革历程是一个渐进式、由点到面、由浅入深、梯度推进的加速和强化过程，通过试办经济特区，总结探索有利经验后，再逐步推广到中、西部地区。中国的改革开放的演进过程主要包括以下几个阶段。

第一阶段，试办经济特区。1979 年至 1980 年，深圳、珠海、汕头和厦门四个经济特区先后成立。随后，1988 年海南岛也被批准建省、试办经济特区。经济特区有针对性地施行相应的经济政策，允许对这些经济特区内的出口加工企业进口产品免关税，充分发挥市场的调节作用，以外向型经济为主，从而成为对外开放的窗口和改革试验基地。

第二阶段，开放沿海城市。1984 年 5 月，大连、天津、烟台等 14 个沿海港口城市先后被批准开放，以扩大其经济技术对外自主权，引进先进技术和科技项目，优化经济结构，带动腹地经济发展。

第三阶段，扩大沿海开放区域。1985 年 2 月，中共中央、国务院提出了沿海地区经济发展战略，先后决定将包括长江三角洲、珠江三角洲、闽南厦漳泉地区和环渤海地区开辟为沿海经济开放区。由此，对外开放由点到线、由线到面逐步展开，到 20 世纪 80 年代末形成了较为完善的沿海开放地带。

第四阶段，开发开放上海浦东新区。根据邓小平同志的指示精神和上海市委、市政府的建议，1990 年 6 月，中共中央、国务院决定并正式批准开放和开发浦东新区，实行经济技术开发区和某些特区的政策。

第五阶段，沿边、沿江及内陆省会城市的全面开放。在这一阶段中，先后开放了 13 个沿边城市、6 个长江沿岸城市、18 个内陆省会城市、32 个国家级的经济技术开发区、52 个高新技术开发区、13 个保税区，开放了 34 个口岸，多层次、全方位的开放地域格局基本形成。

第六阶段，2001年12月，中国正式加入世贸组织，中国对外开放开始进入全新阶段。至此，我国的对外开放从有限范围、地域、领域内的开放转变为全方位、多层次、宽领域的开放，并开始积极主动参与全球治理，制定国际经贸规则。

第七阶段，2013年至今，加快形成全面开放新格局。自党的十八大坚持将对外开放作为基本国策以来，我国创新推出“一带一路”倡议、成立亚投行、加快自贸试验区试点、实行负面清单管理等新的战略举措。随后，党中央和政府明确提出了构建开放型经济新体制，强调“推动形成全面开放新格局”，并在G20峰会等国际平台上倡导构建人类命运共同体，展现出中国领导人面向未来的长远眼光、博大胸怀和历史担当，推动形成更高层次的改革开放新格局，促进更高水平的世界经济再发展。

不难看出，中国的对外开放政策执行的是一个非均衡发展模式，即以优先发展东部沿海城市为重点，在一定时期内保持地区之间适度的经济差距，初步探索对外开放的经验，随后通过扩大沿海开放区域，带动腹地的经济发展，再逐步向中、西部内陆地区推进，形成全面开放的格局。中国实施渐进式的对外开放模式，既保证了对外开放的不可逆转，又充分考虑了国内经济发展的需要和经济社会的承受能力，避免了盲目开放给产业带来的巨大冲击，走出了一条成功的渐进式的对外开放之路。这必然导致各地区间的贸易自由化效应存在差异，并深刻影响着区域间的资源配置效率和经济发展的平衡。

二、区域市场化差异与渐进式的改革开放道路

改革开放40多年的发展历程雄辩地证明了，与时俱进的外贸体制的调整，极大地激发了各经济参与主体的积极性和创造性，提高了中国对外开放水平，促进了对外贸易的繁荣发展。

然而，值得强调的是，我国经济的市场化改革走的是一条渐进式的道路，这最终导致各地区的市场化进程存在较大差异。当然，中国区域间市场化程度的巨大差异是区域内外因素共同作用的结果，归结起来主要有以下几个方面的原因。

第一，区域非均衡发展战略的指导。如前所述，我国的对外开放政策实行的是非均衡的发展战略，因此，各地区的市场化进程也存在差异。东部沿海地区依赖自身的禀赋基础和天然地理优势，以及起步阶段的倾斜性扶持政策，改革力度大，市场化进程较快。相对而言，中西部内陆地区市场化改革开始的时间是比较晚的，改革进程也是较为缓慢的。沿海和内陆在市场化进程和经济发展水平方面的差异由此形成。此后，党和政府提出的“西部大开发”战略、“振兴东北老工业基地”战略，以及“中部崛起”战略，无不反映了国家政策为统筹区域发展、缩小地区发展差异所做出的努力。

第二，中国改革开放渐进式的区域推进影响。1978 年，以家庭联产承包责任制为主要内容的农村改革，成为渐进式市场化改革道路的起点和第一推动力。随后的市场价格改革，把经济体制改革的范围从农村扩展到城市。以放权让利为主线的国有企业改革，极大地激励了民营经济的蓬勃发展，成为中国渐进式市场化改革进程中最重要的发展阶段。此外，区域多层次市场梯度开放和推进的过程，这种时空上渐进式的对外开放，导致以“开放促改革、以开放促发展”的区域效应同样存在显著差异。

第三，各地区自身要素禀赋的差异影响。中国作为一个幅员辽阔的大国，各地区在自然环境、地域优势，以及历史、文化等方面都有各自的特点，这必然要求市场经济的发展、体制改革要与当地的环境相适应。东部沿海地区由于在对外开放上具有天然的地理优势，市场经济发展得较早，普通居民对市场经济和开放经济的适应性较强，所以，在市场化改革的进程中走在前列。但是，中西部地区历史上受到交通闭塞等自然因素的影响，经济发展水平和市场化改革程度相对滞后。显然，各地区异质性的要素禀赋进一步放大了不同地区间的市场化差异。

综上所述，中国特色的改革开放模式走的是一条渐进式的市场化改革道路，这客观上造成了区域间对外开放和市场化改革推进上的非均衡化发展。因此，重视区域间贸易自由化和市场化改革效应的差异对不同区域间资源配置效率的异质性影响，将为进一步剖析区域间资源配置效率和经济发展差异的成因，统筹对外开放与国内市场化改革，促进区域间经济协调发展提供丰富的经验。

第二节 地区中间品贸易自由化与市场化程度的空间分布差异

中国作为一个区域经济大国，经济发展具有典型的区域异质性。这既与历史、政治、经济体制与制度等因素有关，也与地区天然的地理位置、城市内部的产业结构等因素有关。如前文所述，中国特色的渐进式改革开放模式更是强化了贸易自由化效应在空间上的区域差异性。这些因素导致尽管同一产品的关税削减幅度在国家层面是相同的，但在地区间实际的传导效应可能是有差异的。也就是说，地区间的贸易自由化程度是不同的。这提醒我们，在考察关税削减的经济影响时，有必要考虑到地区异质性。鉴于此，本章在测度行业层面的贸易自由化程度的基础上，进一步测算了地区层面的关税以衡量区域贸易自由化程度。此外，地区市场化程度作为影响关税削减的传递效应的重要因素，正确把握地区间的市场化程度差异，对于有效估计贸易自由化与市场化改革对不同区域内资源配置效率的影响至关重要。

一、地区中间品贸易自由化指标的构造与空间分布差异

（一）中间投入品关税的构建

借鉴 Amiti 和 Konings（2007）的方法，本书构造了相应的中间投入品关税，其表达式为

$$\text{InputDuty}_{jt} = \sum_{k \in K_j} a_{kt}\text{OutputDuty}_{kt} \tag{5-1}$$

其中，InputDuty_{it} 是 t 年行业 i 的投入关税，$a_{kt} = \frac{\text{Input}_{kt}}{\sum_{k \in K_j}\text{Input}_{kt}}$ 表示行业 j 中要素 k 的投入系数。基于 2002 年 122 个部门的中国投入产出表系数，我们获得了两位数制造业行业的中间投入品关税，并以 t 年 i 省份四分位 j 行业占两位数行业层面的比重作为权重，测度了四分位行业层面的中间品投入关税。

图 5-1 为 1999—2007 年中间投入品关税率均值及标准差的变化趋势。与图 4-2 相比，中间投入品关税率显著地低于最终产品关税率。但是，分时间段来看，不论是最终产品还是中间投入品的贸易自由化水平都在不断提升，并且二者的变化趋势与图 5-1 总体关税水平的变化趋势是相吻合的。中间投入品关税的标准差从 4.55 下降至 3.46，降幅约达 23.96%，这说明不同产品税率的差异性在逐年缩小。

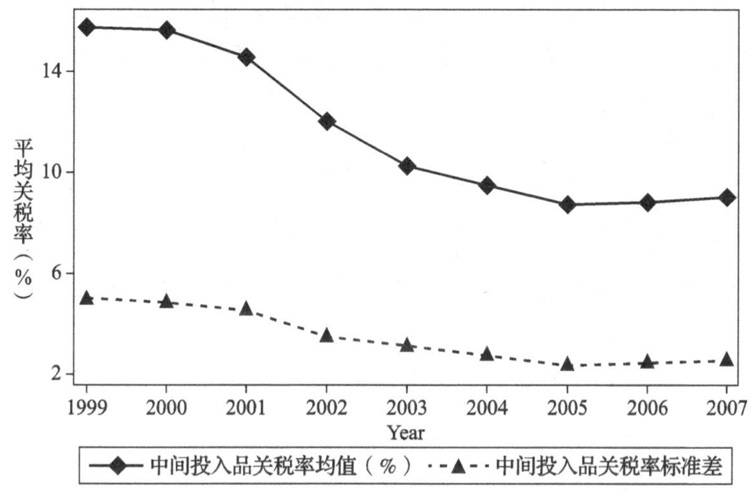

图 5-1　1999—2007 年中间投入品关税率均值及标准差的变化趋势

（二）地区中间品贸易自由化指标的构造

不同地区的地理位置、市场化水平、基础设施都会影响关税削减的传递程度，贸易自由化效应因而在空间上存在区域异质性（施炳展和张夏，2017）。而本章旨在检验贸易自由化对区域间资源配置效率差异的影响，如何计算地区层面的关税水平显得尤为重要。在得到行业层面关税的基础上，本章使用某一行业在 2001 年的工业增加值与 2001 年该地区工业增加值总值的比值作为权重，加总得到地区层面实际面临的进口关税水平。该权重反映了该地区的行业构成差异，而行业构成差异会导致关税的外生冲击变化在各地区的传导效应有所差异。对于构造地区关税的基期选择，参考 Topalova（2010）的研究，本章选择了 2001 年作为基期。理由在于，虽然中国于2001年12月11日正式加入WTO组织，但真正较大规模的关税下调发生在2002年，所以，可以将2001年作为政策冲击前的基期年。地区关税的具体计算公式如下

$$\text{Tariff}_{c,t}=\frac{\sum_{j}VA_{c,i,2001}*\text{Tariff}_{i,t}}{VA_{c,2001}} \tag{5-2}$$

其中，$\text{Tariff}_{c,t}$ 代表地区关税；j代表行业；c代表省份地区；t代表时间。实际上，城市层面关税是由产业层面关税通过城市的产业结构加权而成的。因此，我们在考虑关税削减传递在区域间的异质性时，可以分析贸易自由化对不同地区资源配置效率的影响。

（三）中间品贸易自由化的空间分布差异

不同地区对外开放时间存在差异及本身经济发展水平参差不齐，其贸易自由化水平必然也会有所不同。因此，本章还分别比较了1999—2007年东部、中部、西部地区层面中间品关税变化趋势，如图5-2所示。首先，就总体趋势来看，地区层面的中间品关税呈现逐年下降的趋势，说明贸易自由化水

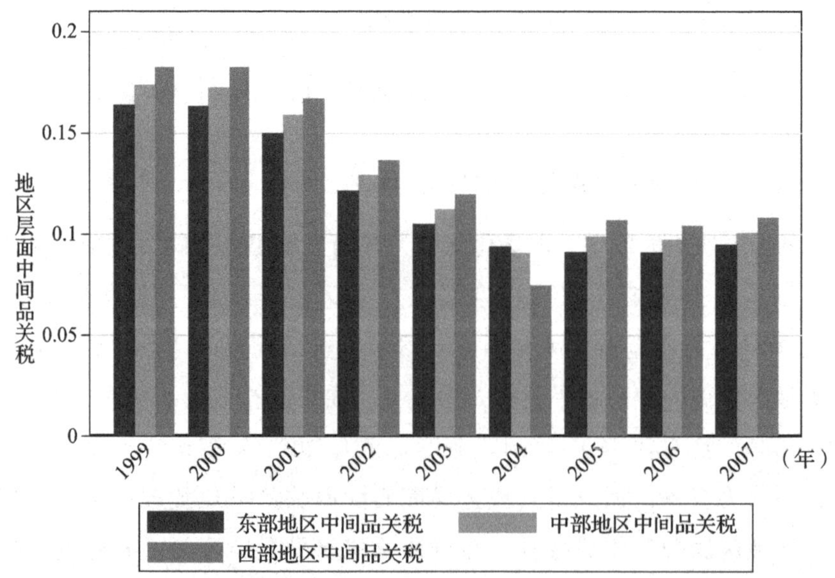

图5-2　1999—2007年东部、中部、西部地区层面中间品关税变化趋势

平是日益深化的。其次，平均而言，三个经济区域中，东部地区经济发展水平最高，也是最早进行贸易开放的地区，因而地区层面的中间品关税水平最低，中部地区次之，西部地区最高。然而，图 5-3 显示，各省市中间品关税的下降幅度存在较大的差异。总体而言，在 1999—2007 年，东部地区的中间品关税降幅最大，约达 43. 3344%；中部地区的中间品关税下降幅度次之，约 42. 8725%；西部地区的中间品关税下降幅度约达40. 7333%。

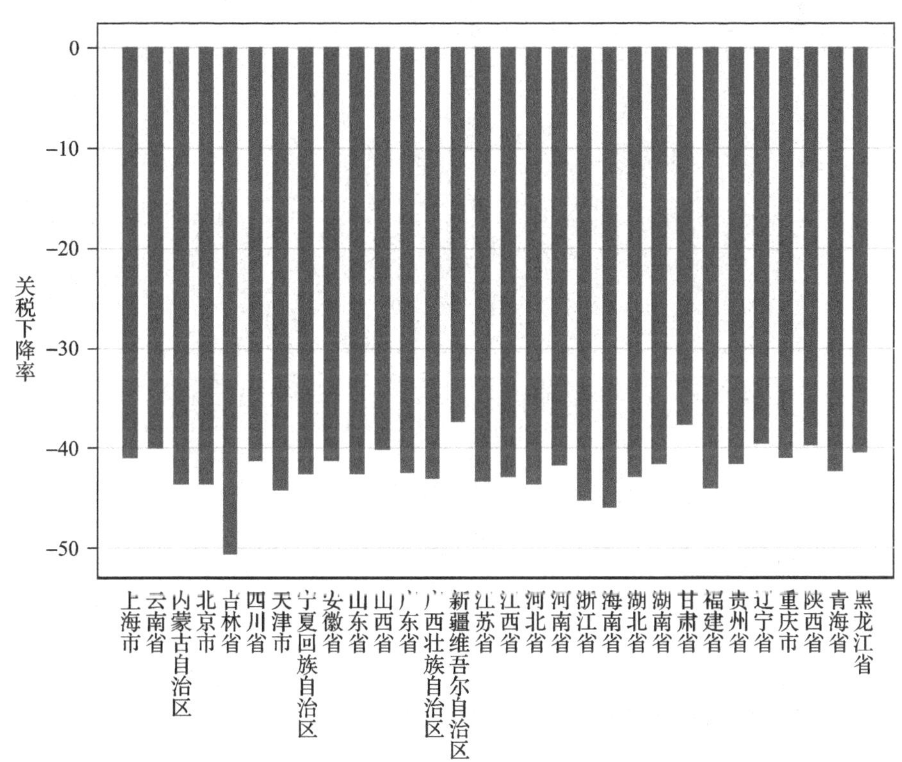

图 5-3 1999—2007 年各省、区、市中间品关税的下降率

进一步地，为了直观展示中国各地区市场化进程的差异，图 5-4 给出了 1997—2007 年各省、区、市市场化进程指数增长率。可以看到，我国市场化程度变化的空间差异特征十分显著，并且呈现明显的集聚性、梯级分布、政策导向特征。1997—2007 年，东部沿海、西部边境各省、区、市的市场化改革力度显著高于中部地区，且分布特点与政府提出的区域倾斜性政策，如

“西部大开发”“振兴东北老工业基地”战略相契合。

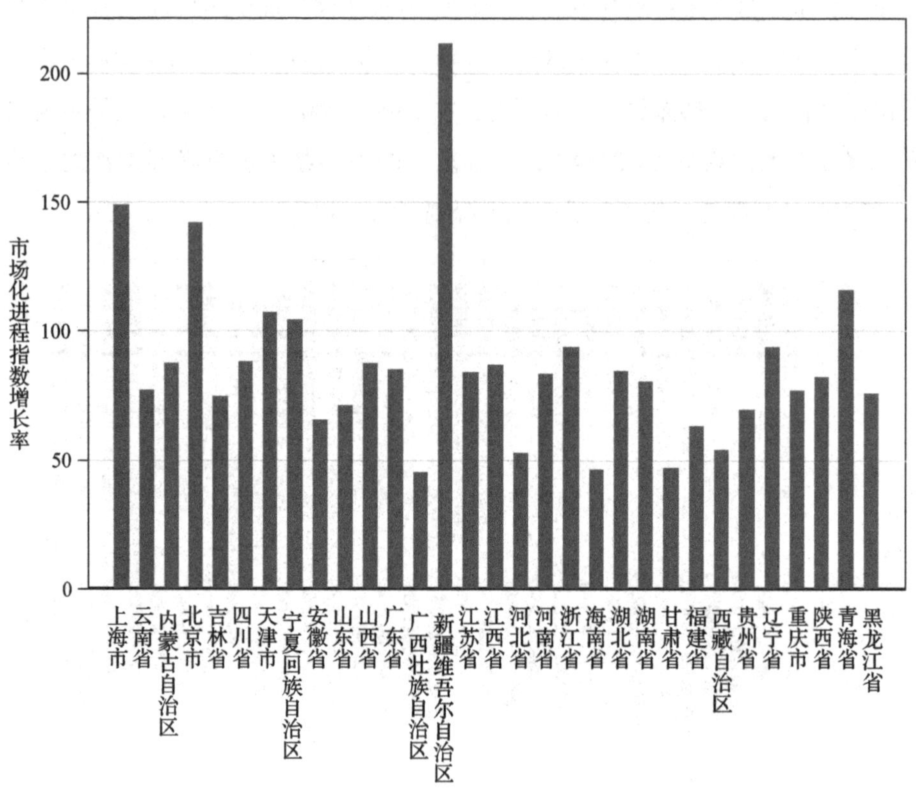

图 5-4 1997—2007 年各省、区、市市场化进程指数增长率

二、市场化改革进程的空间分布差异

如前文所述，中国改革开放模式走的是一条渐进式的市场化改革道路，导致了地区间的市场化改革的非均衡化发展。如图 5-5 所示，1997—2014 年，中国各省、区、市市场化指数的标准差呈不断扩大的趋势，从 1997 年的 1. 27 上升至 2014 年的 2. 14，表明省际市场化进程存在着显著的差异，且没有缩小，甚至有扩大的迹象。截至 2014 年，市场化进程指数最高的浙江为 9. 78，而市场化进程指数最低的西藏自治区仅有 0. 62。

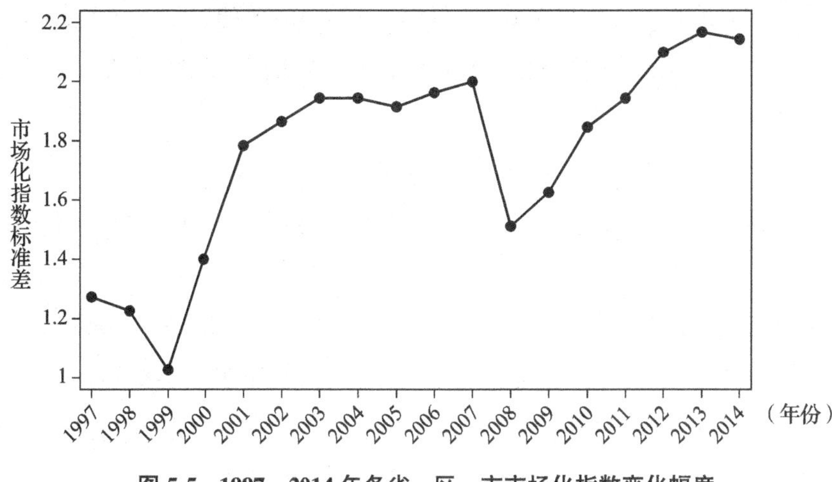

图 5-5　1997—2014 年各省、区、市市场化指数变化幅度

第三节　估计策略与回归结果分析

一、估计策略

针对实证过程中可能存在的反向因果影响、遗漏变量等潜在内生性问题，本书拟在 2001 年中国加入 WTO 这一外生政策冲击的准自然实验框架下，采用双重差分法开展贸易自由化对我国城市层面制造业资源配置效率影响的因果效应进行评估。对比 OLS 方法，双重差分法通过加入控制组进行对照，可以有效克服因遗漏控制变量带来的内生性问题，提高量化评估的准确性（Angrist 和 Pischke，2008）。具体来讲，中国加入 WTO 后，不同行业面临的关税下降幅度存在显著差异，其中，初始关税税率较高的行业在经历中国“入世”后，关税削减的幅度明显大于低关税水平的行业（Lu 等，2015）。换句话说，中国加入 WTO 带来的贸易自由化效应对不同行业的冲击是异质的。进一步地，如果考虑到各个地区的产业结构差异，那么，中国加入 WTO 在不同地区所传导的贸易自由化冲击也是不同的，这构成了本章在地区层面识别非对称的贸易自由化效应对资源配置效率影响的基础。另外，中国各地区渐进式的市场化改革政策可能影响不同地区的贸易自由化效应，因此，我们纳入了市场化改革程度与贸易自由化冲击变量的交互项，本章的实证模型设定如下

$$sd\_tfpr_{ict}=\beta_1 \ln(Duty_{c,2001})\times Post_t+\mu_c+\delta_t+\varepsilon_{ct} \tag{5-3}$$

$$sd\_tfpr_{ict}=\beta_1 \ln(Duty_{c,2001})\times Post_t+\beta_2 \ln(Duty_{c,2001})\times Post_t\times Iscorect+\mu_c+\delta_t+\varepsilon_{ict} \tag{5-4}$$

其中，sd_tfpr_{ict} 为 c 城市在 t 年 i 行业层面的 TFPR 离散度；$Duty_{c,2001}$ 是 c 城市的加权平均关税水平；$Post_t$ 是虚拟变量，当 t 为 2002—2007 年，取值为 1，当 t 为 1999—2001 年，取值为 0。$Iscore_{ct}$ 表示 C 城市在 t 年的市场化进程指数，在稳健性检验中（表 5-1 第 1 列第 3 行）还采用虚拟变量 mrk_{ct} 表示 C 城市的市场化高低程度（当 mrk_{ct}>中位数时，mrk_{ct} 取 1，反之取 0）。μ_c 表示城市固定效应，控制城市层面不随时间变化的因素对资源配置效率的影响；δ_t 表示年份固定效应；剔除时间趋势的影响，ε_{ct} 为随机误差项。在估计式中，β_1 衡量了政策实施前后面临不同贸易自由化冲击的城市层面的资源配置效率的平均差异；三重交互项估计系数 β_2 测度了贸易自由化与市场化改革对行业间 TFPR 离散度的交互影响，呈现了贸易自由化与市场化改革在高市场化程度城市与低市场化程度城市之间协同配置资源的差异。

二、倍差法的平行趋势检验

使用双重差分模型的识别假设条件是，实验组与控制组的因变量应该有相同的变化趋势。

式（5-5）如下

$$Tariff_{c,t,2001}=\frac{\sum_j VA_{c,i,2001}\times Tariff_{i,t,2001}}{VA_{c,2001}} \tag{5-5}$$

我们首先基于式（5-5）计算了 2001 年城市层面的关税，并依据平均数的临界值把城市均分为高关税水平城市和低关税水平城市这两组样本，然后采用图 5-6 来观察中国加入 WTO 后城市层面资源配置效率的变化情况。如图 5-6 所示，纵轴表示两组城市各自的平均资源配置效率。如图 5-6 所示，在政策实

施之前（2001年之前），高关税水平城市（处理组）和低关税水平城市（对照组）的TFPR离散度均有所下降，两组城市下降的趋势基本一致。这就减轻了我们对于两组城市样本特征事前不匹配的担忧，即基本保证了处理组和对照组样本间的资源配置效率差异不是由其他因素导致的，而仅仅是因为受到关税削减冲击效应的影响。

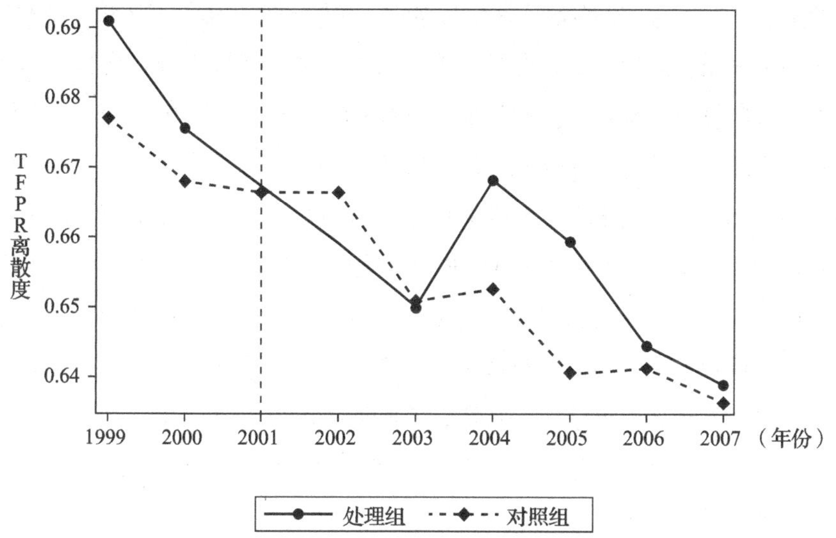

图5-6　1999—2007年不同城市资源配置效率的变化程度

政策实施后（2001年之后），高关税水平城市与低关税水平城市相比，行业间的TFPR离散度明显发生了相对较大幅度的提升。换句话说，从2001年政策实施开始，两组城市间的资源配置效率差距呈现了扩大的趋势。具体而言，中国加入WTO后，与受到较小政策冲击的对照组进行比较，受到更大贸易自由化政策冲击的处理组的TFPR离散度降幅更大，说明贸易自由化对行业间TFPR离散度有负向影响。2002—2003年，两组样本间的TFPR均呈现下降趋势。但是2003—2005年，高关税水平城市的TFPR离散度又呈现一个明显的上升趋势，说明除了关税因素，还有其他因素影响着两组城市样本之间的TFPR离散度趋势。

三、基本估计结果

在运用式（5-3）和式（5-4）进行估计时，为控制潜在的序列相关和异方差问题，本章将标准误聚类在城市层面（周茂等，2016），控制人均 GDP、集聚程度、土地面积等主要城市特征变量，以及城市固定效应和时间固定效应，估计结果如表 5-1 所示。在构建三重交互项时，我们同时使用了市场化程度的虚拟变量和数值变量。其中，依据市场化程度的中位数，将城市分成两类，即市场化程度较高的城市（mrk = 1）和市场化程度低的城市（mrk = 0）。第（1）列中，估计结果显示交互项 treat_post2 系数在 1%的统计水平上显著为负，说明关税大幅降低后，遭受更大政策冲击的高关税水平城市与遭受政策冲击较小的低关税水平城市相比，城市行业层面的 TFPR 离散度降幅更大。由于中间品关税减让，因此高生产率企业能够更加有效地利用中间投入品关税减让带来的优质且多样化的进口中间投入品，加剧其与低生产率企业间市场资源的竞争，提高企业进入国内市场的生产率临界值，进而降低了企业间的 TFPR 离散度。

第（2）列估计结果显示，市场化程度的估计系数在 1%的统计水平上显著为负，表明在制度环境越好的地区，企业间的 TFPR 离散度也越低，有利于优化资源配置。这与第二章的理论分析结果和第四章的实证分析结果保持了一致，再次证明了市场化改革有利于市场出清机制和“达尔文选择效应”的发挥，迫使低生产率企业退出市场，改善了企业间的资源配置效率。

在第（1）列和第（2）列基础上，第（3）列和第（4）列进一步加入三重交互项 treat_post2_mrk 和 treat_post2_lscore 后，treat_post2 系数依旧为负。三重交互项系数显著为负并通过了 1%的显著性检验。这说明，在同一中间品关税水平下，在市场化水平越高的城市，中间品关税降低对行业间 TFPR 离散度的影响会被进一步强化，即在降低企业间 TFPR 离散度方面，市场化改革和贸易自由化之间存在显著的互补性。这支持了理论假说 4 所提出的，市场化改革与中间品关税削减共同提升了企业进入市场的生产率临界值，所以，相互强化了另一方降低企业间 TFPR 离散度的效应。

表 5-1　地区中间品贸易自由化对资源配置效率的影响

VARIABLES	(1)	(2)	(3)	(4)
	reg1	reg2	reg3	reg4
	lsd_tfp2va	lsd_tfp2va	lsd_tfp2va	lsd_tfp2va
treat_post2	-0.1008***		-0.1029***	-0.0377
	(0.026)		(0.026)	(0.036)
lscore		-0.0258***		
		(0.006)		
treat_post2_mrk			-0.0178***	
			(0.004)	
treat_post2_lscore				-0.0449***
				(0.017)
Constant	0.6649***	0.7001***	0.6677***	0.6672***
	(0.003)	(0.010)	(0.003)	(0.003)
年份固定效应	Y	Y	Y	Y
行业固定效应	Y	Y	Y	Y
地区固定效应	Y	Y	Y	Y
Observations	54417	54417	54417	54417
R-squared	0.359	0.360	0.360	0.360

注：括号内为标准差，*、**、***分别表示 10%、5%、1%的显著性水平。

四、识别假设检验

双重差分法虽然可以较好地解决政策评估中的内生性问题，但使用这一方法的估计结果还要满足其他的假设条件，如要满足同趋势假设，以及政策评估时不受同一时期其他政策的干扰。据此，本章将从这些方面进行识别假设的相关检验，结果如表 5-2 所示。

（一）预期效应检验

同趋势假设是指如果没有外生的政策冲击，处理组和对照组的结果变量的变化趋势应是相同的。图 5-6 呈现的直观结果已经可以很好地说明两组样本之间的同趋势假设可以得到满足。除此之外，还需要进一步检验政策的外生性，即微观企业对中国“入世”带来的关税大幅削减未形成有效预期，从而改变其生产行为。为了检验是否存在预期效应，需要生成 2001 年即“入世”前一年的虚拟变量与 2001 年城市关税的交互项，并检验该交互项系数的显著性。表 5-2 中第（1）~（2）列结果显示，所关注的交互项 t01y2001 系数并不显著，表明企业并没有预料到中国“入世”这一外生政策，并且调整其生产行为进而影响到企业间的资源配置效率。而我们关注的交互项 treat_post2、treat_post2_lscore 系数仍显著为负，表明考虑到预期效应后，估计结果也是稳健的。

（二）安慰剂检验

本书使用 1999—2001 年的样本进行安慰剂检验。在中国加入 WTO 之前，中间品关税的削减幅度是很小的。换句话说，在没有“入世”这一外生政策冲击的情况下，中间品关税小幅变动对行业 TFPR 离散度的影响是很微弱的，估计系数应当不显著。反之，如若估计系数显著，那就表明存在其他不可观测的因素影响了企业间的资源配置效率。第（3）列的估计结果显示，“入世”前城市层面的中间品关税及其与市场化改革交互项的估计系数确实不显著，表明在中国加入 WTO 之前，中间品关税的削减对行业的 TFPR 离散度没有产生十分显著的影响，从而支持了本章双重差分法的基准估计结果。

（三）排除其他政策效应的影响

本书主要是为了验证地区中间品贸易自由化对资源配置效率的影响，因此，控制最终品关税给中国企业带来的巨大的竞争冲击效应是十分必要的。在表 5-2 第（4）列回归中，城市层面的最终品关税的估计系数不显著，而核心变量 treat_post2、treat_post2_lscore 的估计系数仍然显著为负，这说明前文

所述的地区中间品贸易自由化对资源配置效率的影响是十分稳健的。

表 5-2 相关识别假设检验

VARIABLES	(1)	(2)	(3)	(4)
	预期效应	预期效应	“入世”前样本	最终品关税影响
	lsd_tfp2va	lsd_tfp2va	lsd_tfp2va	lsd_tfp2va
treat_post2	-0. 0901***	-0. 0269		-0. 0322*
	(0. 031)	(0. 039)		(0. 027)
treat_post2_lscore		-0. 0449***		-0. 0438**
		(0. 017)		(0. 017)
t01y2001	0. 0280	0. 0280		
	(0. 044)	(0. 044)		
r_imduty			-0. 1596	
			(0. 363)	
lscore			-0. 0676**	
			(0. 031)	
r_outduty				0. 0149
				(0. 026)
c. r_imduty#c. lscore			0. 2855	
			(0. 249)	
Constant	0. 6632***	0. 6655***	0. 7382***	0. 6646***
	(0. 004)	(0. 004)	(0. 046)	(0. 005)
年份固定效应	Y	Y	Y	Y
行业固定效应	Y	Y	Y	Y
地区固定效应	Y	Y	Y	Y
Observations	54417	54417	18097	54417
R-squared	0. 359	0. 360	0. 414	0. 360

注：括号内为标准差，*、**、***分别表示 10%、5%、1%的显著性水平。

五、其他稳健性检验

第一个稳健性检验通过改变主要变量的定义来验证回归结果的稳健性。在基准回归中，我们在构建城市—行业层面的 TFPR 离散度时，是基于 OP 方法测算的企业生产率。为避免生产率测算方法带来的偏差性，我们通过以 LP 方法测算的企业生产率来构建城市—行业层面的 TFPR 离散度作为稳健性检验。回归结果报告在表 5-3 第（1）列和第（2）列中，估计结果仍然是稳健的。

此外，加工贸易占据较高的比重，是中国对外贸易的一个显著特征。加工贸易享有较多的政策优惠，如加工贸易中的来料加工贸易是完全免除进口税的，进料加工贸易虽然要被征收进口税，但大多都会以“先征后返”的形式返还给企业（钱学锋等，2016；李春顶，2010）。因此，从中间品关税削减影响企业 TFPR 离散度这个角度来看，贸易自由化对加工贸易的影响应小于一般贸易和非出口企业。由于工业数据库中并未提供企业是否从事加工贸易的信息，但是为了排除这部分企业的干扰，我们在表 5-3 第（3）列和第（4）列中仅使用非出口企业样本进行估计。子样本回归估计结果与基准结果保持一致，估计系数的绝对值甚至略高于基准估计结果，说明贸易自由化与市场化改革对非出口企业的影响效应相对更大些。

表 5-3　其他稳健性检验

VARIABLES	(1)	(2)	(3)	(4)
	LP 方法	LP 方法	非出口企业样本	非出口企业样本
	lsd_lp2va	lsd_lp2va	lsd_noex	lsd_noex
treat_post2	-0.1983***	-0.4440***	-0.1395***	0.0322
	(0.029)	(0.040)	(0.030)	(0.043)
treat_post2_lscore		-0.1746***		-0.1185***
		(0.019)		(0.021)
Constant	0.7444***	0.7354***	0.6774***	0.6828***
	(0.003)	(0.003)	(0.003)	(0.003)

续表

VARIABLES	(1)	(2)	(3)	(4)
	LP 方法	LP 方法	非出口企业样本	非出口企业样本
	lsd_lp2va	lsd_lp2va	lsd_noex	lsd_noex
年份固定效应	Y	Y	Y	Y
行业固定效应	Y	Y	Y	Y
地区固定效应	Y	Y	Y	Y
Observations	54417	54417	43754	43754
R-squared	0.420	0.421	0.315	0.316

注：括号内为标准差，*、**、***分别表示10%、5%、1%的显著性水平。

六、异质性分析

（一）不同所有制的企业样本

中间品关税削减与市场化改革对企业间资源配置效率的差异是否会存在企业所有制形式的差异？为了回答这一问题，本小节将样本分为国有企业、外资企业和私营企业三类子样本分别进行估计，估计结果如表5-4所示。从第（1）~（3）列中可以看到，中间品关税减让显著地影响了本土企业的TFPR离散度，对外资企业的影响微乎其微，这可能是因为外资企业得益于跨国公司完善的销售网络和技术支持，中间投入品受进口关税的影响较弱。另外，中间品关税减让反而提升了国有企业间的TFPR离散度，这可能是因为国有企业生产率相对较低。中间投入品关税也同样降低了生产率较低的国有企业的生产成本，提高了企业中间投入要素的边际产出价值，从而可能抑制生产率较低企业退出市场的概率，拉大企业间的TFPR离散度。当中间品关税减让对生产率较低企业退出的抑制作用更大时，企业间的TFPR离散度会不降反升。第（4）~（6）列的结果显示，市场化程度改革有利于降低企业间的TFPR离散度。从总体上看，贸易自由化与市场化改革协同对TFPR离散度的估计结果表明，二者协同优化民营企业资源配置效率的效果最大（估计系数为-0.0971~-0.1348），国有企业次之（0.0479~-0.0923），却拉大了外资企业间的TFPR离散度（估计系数为0.5192~-0.3160)。

表5-4 不同所有制企业的估计结果

VARIABLES	(1)	(2)	(3)	(4)	(5)	(6)
	外资	国有	私营	外资	国有	民营
	lsd_f	lsd_s	lsd_p	lsd_f	lsd_s	lsd_p
treat_post2	0.1160	0.1759***	-0.0879*	0.5192	0.0479	-0.0971
	(0.190)	(0.057)	(0.050)	(0.527)	(0.083)	(0.064)
treat_post2_lscore				-0.3160***	-0.0923**	-0.1348***
				(0.097)	(0.044)	(0.029)
Constant	0.6080***	0.6631***	0.6376***	0.6351***	0.6608***	0.6468***
	(0.021)	(0.004)	(0.006)	(0.023)	(0.004)	(0.007)
年份固定效应	Y	Y	Y	Y	Y	Y
行业固定效应	Y	Y	Y	Y	Y	Y
地区固定效应	Y	Y	Y	Y	Y	Y
Observations	5777	17054	30980	5777	17054	30980
R-squared	0.198	0.227	0.329	0.200	0.227	0.329

注：括号内为标准差，*、**、***分别表示10%、5%、1%的显著性水平。

(二) 不同要素密集度的企业样本

将不同行业按照要素密集度划分成劳动密集型、资本密集型和技术密集型行业三类子样本，以考察要素密集度特征是否会影响中间品贸易自由化与市场化改革对资源配置效率的影响，估计结果如表5-5所示。在第(1)~(3)列中可以看到，平均而言，中间品贸易自由化显著降低了劳动密集型行业和技术密集型行业的TFPR离散度，尤其是劳动密集行业的TFPR离散度。原因在于，中间投入品关税降低，便利了企业进口无法获得的中间投入要素，降低了劳动密集型企业对劳动资源的依赖性。技术密集型行业主要依赖技术和智力要素，中间品关税降低为企业带来的高质量、多样化的中间投入要素，更有利于促进该类型企业从事研发创新活动，降低高生产技术与低生产技术企业间的TFPR差异，这一结果与现有文献保持一致（陈雯和苗双有，

2016）。第（4）至（6）列结果显示，市场化改革与中间品贸易自由化协同降低了技术密集型和劳动密集型行业间的 TFPR 离散度，扩大了资本密集型行业间的 TFPR 离散度。

表 5-5　不同要素密集度的企业估计结果

VARIABLES	(1)	(2)	(3)	(4)	(5)	(6)
	劳动密集型	资本密集型	技术密集型	劳动密集型	资本密集型	技术密集型
	lsd_l	lsd_k	lsd_t	lsd_l	lsd_k	lsd_t
treat_post2	-0.2788***	0.1037***	-0.1071**	-0.2991***	0.1989***	-0.0500
	(0.045)	(0.040)	(0.048)	(0.060)	(0.056)	(0.064)
treat_post2_lscore				0.0148	-0.0659**	-0.1124***
				(0.029)	(0.027)	(0.031)
Constant	0.6728***	0.6391***	0.6937***	0.6720***	0.6422***	0.6997***
	(0.005)	(0.004)	(0.005)	(0.005)	(0.004)	(0.005)
年份固定效应	Y	Y	Y	Y	Y	Y
行业固定效应	Y	Y	Y	Y	Y	Y
地区固定效应	Y	Y	Y	Y	Y	Y
Observations	21988	20941	11487	21988	20941	11487
R-squared	0.365	0.322	0.457	0.365	0.322	0.458

注：括号内为标准差，*、**、***分别表示 10%、5%、1%的显著性水平。

（三）不同地区的企业样本

将样本省份分为东部、中部和西部三大区域，分别进行子样本回归。表 5-6 呈现的是中间品关税减让与市场化改革对企业间 TFPR 离散度的影响是否会存在地区差异性。如表 5-6 所示，对于东部、中部地区而言，中间品关税削减显著降低了企业间的 TFPR 离散度，市场化改革进一步显著地强化了中间品关税优化资源配置的效应。受地理位置的限制，西部地区由于面临的地区贸易自由化程度较弱，因而中间品贸易自由化降低西部地区企业间的 TFPR 离散度的效应不显著。

表 5-6 不同地区企业的估计结果

VARIABLES	(1)	(2)	(3)	(4)	(5)	(6)
	东部	中部	西部	东部	中部	西部
	lsd_tfp2va	lsd_tfp2va	lsd_tfp2va	lsd_tfp2va	lsd_tfp2va	lsd_tfp2va
treat_post2	-0.2017**	-0.2298***	-0.0445	-0.5995***	-0.4615**	-0.1453
	(0.081)	(0.057)	(0.041)	(0.130)	(0.181)	(0.091)
treat_post2_lscore				-0.2621***	-0.3469***	0.0622
				(0.033)	(0.086)	(0.050)
Constant	0.6601***	0.6975***	0.6598***	0.6360***	0.6885***	0.6590***
	(0.008)	(0.006)	(0.005)	(0.009)	(0.007)	(0.005)
年份固定效应	Y	Y	Y	Y	Y	Y
行业固定效应	Y	Y	Y	Y	Y	Y
地区固定效应	Y	Y	Y	Y	Y	Y
Observations	23285	17413	13719	23285	17413	13719
R-squared	0.580	0.259	0.256	0.581	0.260	0.256

注：括号内为标准差，*、**、***分别表示10%、5%、1%的显著性水平。

第四节 微观企业机制检验

一、企业进入与退出市场行为

如前文所分析的，中间投入品关税减让不仅直接影响了企业的生产成本，还便利了企业从国外获得高质量、多样化的中间投入要素（Goldberg 等，2009，2010），促进企业利润率和生产率的提升（Amiti 和 Konings，2007），从而降低企业退出的概率。而最终品关税减让，使大量国外同类产品涌入本国市场，激烈的竞争会导致企业产品价格和加成率降低（Melitz 和 Ottaviano，2008），所以可能抑制企业进入市场，促进企业退出市场。基于此，本小节考察了市场化改革和中间品关税削减对企业进入与退出市场行为的影响。

从表 5-7 中可以看到，第（1）列中交互项系数 treat_post2 显著为正，表

明中间投入品关税减让提高了企业进入市场的概率。三重交互项系数 treat_post2_lscore 显著为负，这说明市场化改革由于减缓了市场扭曲的程度，也同时有利于低生产率企业的生产活动，从而削弱了中间品关税提升企业进入市场概率的效应。但是，二者的交互效应仍提升了企业进入市场的概率（估计系数为 3. 6090-3. 1143>0）。第（2）列和第（3）列分子样本回归结果显示，中间投入品关税削减更多的是提升了高生产率企业进入市场的概率，抑制了低生产率企业进入市场的概率（估计系数为 0. 5199-1. 0295<0），说明中间投入品关税削减助力高生产率企业成长的作用大于低生产率企业。

第（4）至（6）列对企业退出市场行为的估计结果表明，treat_post2 估计系数显著为正，三重交互项 treat_post2_lscore 的估计系数显著为负，说明中间投入品关税显著地提高了企业退出市场的概率，但是市场化改革由于缓解了企业生产和研发活动面临的市场扭曲，降低了企业退出市场的概率，也弱化了中间品贸易自由化迫使企业退出市场的概率。但是整体而言，市场化改革降低企业退出市场的效应（-2. 6045），大于中间品关税提高抑制企业退出市场的效应（2. 2774），二者协同促进了优胜劣汰的市场清除机制的发挥。

表 5-7　中间品关税与市场化改革对企业生存概率的影响：Probit 模型估计结果

VARIABLES	(1)	(2)	(3)	(4)	(5)	(6)
	总体	最低 20%样本企业	最高 20%样本企业	总体	最低 20%样本企业	最高 20%样本企业
	entry	entry	entry	exit	exit	exit
treat_post2	3. 6090***	0. 5199	4. 1484***	2. 2774***	2. 5776***	2. 2774***
	(0. 838)	(0. 540)	(0. 617)	(0. 425)	(0. 543)	(0. 425)
treat_post2_lscore	-3. 1143***	-1. 0295***	-3. 0524***	-2. 6045***	-2. 7133***	-2. 6045***
	(0. 397)	(0. 285)	(0. 246)	(0. 190)	(0. 258)	(0. 190)
企业特征变量	Y	Y	Y	Y	Y	Y
年份固定效应	Y	Y	Y	Y	Y	Y
行业固定效应	Y	Y	Y	Y	Y	Y
地区固定效应	Y	Y	Y	Y	Y	Y
Observations	1437276	287455	287456	1152819	232234	230884

注：括号内为标准差，*、**、***分别表示 10%、5%、1%的显著性水平。

二、企业研发创新活动行为

由本书第二章理论分析得到，中间品关税下降显著降低了企业从事研发创新活动的生产率临界值，市场化改革却提升了企业进行研发创新活动的生产率临界值，市场化改革与中间品关税减让对企业研发行为的差异化影响，可能对企业间的TFPR离散度产生重要影响。鉴于此，本小节考察了地区层面中间投入品关税削减与市场化改革对企业研发创新活动的协同影响。考虑到企业研发创新活动包含研发投入与研发产出两方面，这里分别将企业的研发投入比重（lrd）和新产品销售比重（lpnewpro）作为企业研发活动的投入和产出指标。此外，回归中还控制了企业资本密集度、利润率、销售额、工资和年龄等特征变量，以及行业、地区和年份固定效应的影响，以更加全面地评估市场化改革与中间投入品关税减让对企业研发活动的影响，具体的估计结果如表5-8所示。

表5-8第（1）至（4）列显示，treat_post2交互项系数显著为正，表明地区中间品关税贸易自由化促进了企业的研发创新活动。一方面，中间品关税下降，提高了企业获得更多高质量、多样化中间投入要素的可能性，便于企业吸收和模仿外国先进技术（Goldberg等，2010），极大地提升了企业生产的新产品质量，所以企业新产品销售比重有所提升。另一方面，中间品关税削减，有利于企业节约进口的中间成本，尤其是减少企业研发的固定成本，从而显著提高了企业从事研发创新的概率（Bustos，2011）。另外，从表5-8中可以看到，第（2）列中交互项treat_post2_lscore显著为正，说明市场化改革程度越高，越有利于减少企业面临的市场扭曲，越有利于在位企业的生产和销售活动，提高了企业的利润，有利于新产品的销售。在第（4）列中，交互项treat_post2_lscore系数为正，但是不显著，说明市场化改革强化中间品贸易自由化引致企业研发投入的效应不显著，这支撑了第二章理论假说5，即市场化改革通过提升企业研发创新活动的临界生产率，削弱了中间品贸易自由化提升企业研发投入决策的概率。

表 5-8 中间品关税与市场化改革对企业研发活动的影响

VARIABLES	(1)	(2)	(3)	(4)	(5)	(6)	(7)	(8)
	新产品销售比重	新产品销售比重	研发投入比重	研发投入比重	新产品销售比重离散度	新产品销售比重离散度	研发投入比重离散度	研发投入比重离散度
treat_post2	0.1282***	0.0928***	2.6958***	1.8635*	0.1604***	0.0529	−0.0774**	−0.1874***
	(0.014)	(0.017)	(0.743)	(1.646)	(0.049)	(0.065)	(0.036)	(0.047)
treat_post2_lscore		0.0281***		0.6014		0.0767**		0.0979***
		(0.007)		(0.730)		(0.030)		(0.022)
Constant	−0.0330***	−0.0358***	0.0178***	0.0172***	0.0466***	0.0424***	0.0464***	0.0306***
	(0.003)	(0.003)	(0.001)	(0.001)	(0.013)	(0.013)	(0.009)	(0.009)
企业特征变量	Y	Y	Y	Y	Y	Y	Y	Y
年份固定效应	Y	Y	Y	Y	Y	Y	Y	Y
行业固定效应	Y	Y	Y	Y	Y	Y	Y	Y
地区固定效应	Y	Y	Y	Y	Y	Y	Y	Y
Observations	1090107	1090107	694266	694266	31233	31233	20796	20888
R-squared	0.075	0.075	0.061	0.061	0.224	0.224	0.165	0.173

注：括号内为标准差，*、**、*** 分别表示 10%、5%、1%的显著性水平。

表5-8第（5）至（6）列结果显示，中间品贸易自由化提高了企业获得投入要素的便利性，因而有效降低了企业研发产出活动的差异性；市场化改革通过缓解企业面临的市场扭曲，进一步强化了中间品关税降低行业内新产品销售比重的离散度。第（7）至（8）列结果显示，中间品关税减让反而提升了企业间研发投入的比重，市场化改革则削弱了这一效应。背后可能的理论逻辑在于，中间品贸易自由化促进中国制造业企业应用高技术与企业的初始生产率水平有关，其更多的是显著促进了中等生产率的企业进行技术升级（陈雯和苗双有，2016）。不过，市场化改革通过提升企业研发创新活动的临界生产率，降低了中间品贸易自由化提升高生产率企业创新密集度的效应。

三、企业投入要素的边际产品价值

中间品关税下降直接降低了企业的生产成本，降低了企业要素边际产出价值。市场化改革通过缓解市场扭曲，有利于市场机制得到充分发挥，也会降低企业边际要素的产出价值。然而，不同生产率的企业实际进口的中间投入要素数量和在国内市场的生产活动存在差异，中间品关税和市场化改革可能会扩大或缩小企业间的要素边际产品价值离散度。中间品关税下降与市场化改革对企业间要素边际产品价值及其离散度的影响如表5-9所示。第（1）~（2）列估计结果显示，中间品关税降低显著地降低了企业间中间投入要素的边际产品价值，中间品关税与市场化改革的交互项系数显著为正，表明市场化改革强化了中间品关税降低中间投入要素边际产品价值的效应。第（3）~（4）列估计结果表明，中间品关税同样显著降低了企业间投入要素的边际产品价值离散度，但是市场化改革由于提升了企业从事研发创新活动的临界生产率，因而削弱了中间投入品关税降低企业要素边际产品价值离散度的效应。

表 5-9　中间品关税下降与市场化改革对企业间要素边际产品价值及其离散度的影响

VARIABLES	(1)	(2)	(3)	(4)
	要素边际产品价值	要素边际产品价值	要素边际产品价值离散度	要素边际产品价值离散度
	mprm	mprm	lsd_mprm	lsd_mprm
treat_post2	0.4479***	0.2197***	0.3405	-3.3032***
	(0.033)	(0.038)	(0.489)	(0.659)
treat_post2_lscore		0.1812***		2.6368***
		(0.016)		(0.320)
Constant	0.6317***	0.6135***	-1.9248***	-2.0582***
	(0.008)	(0.008)	(0.129)	(0.130)
企业特征变量	Y	Y	Y	Y
年份固定效应	Y	Y	Y	Y
行业固定效应	Y	Y	Y	Y
地区固定效应	Y	Y	Y	Y
Observations	1111273	1111273	47136	47136
R-squared	0.521	0.521	0.240	0.241

注：括号内为标准差，*、**、***分别表示10%、5%、1%的显著性水平。

第五节　扩展分析：地区间资源配置效率差异

一、地区层面资源配置效率的测度

与城市层面关税水平的构造思路一致，城市层面的资源配置效率构造表达式为

$$sd\_tfpr_{c,t} = \frac{\sum_j VA_{c,i,t} \times sd\_tfpr_{i,1999,}}{VA_{c,t}} \tag{5-6}$$

其中，$sd\_tfpr_{i,1999}$ 表示 1999 年 i 行业的 TFPR 离散度，$VA_{c,i,t}$ 表示 t 年 c

城市i行业的工业增加值，其与该城市工业增加值总额的比重表示该城市的制造业内部细分产品的产出结构。这里之所以将行业TFPR离散度固定在1999年，是为了排除城市内产业技术自然变化的影响效应，因此，城市的TFPR离散度变化主要反映的是城市内产业结构变化的影响。这时，贸易自由化对企业间的TFPR离散度的影响，也就是通过影响地区行业间资源配置效率变化这一渠道，而非其他途径。根据该方法，我们还得到了各省、区、市层面的资源配置效率，如表5-10所示。可以看到，1999—2007年各省、区、市资源配置效率也是存在较大差异的。其中，资源配置效率最高的省份是青海省，为0.5270，最低的是海南省，仅有0.7396，二者间的资源配置效率相差0.2126。

表5-10　中国各省、区、市资源配置效率排名情况

排名	省份	TFPR离散度	排名	省份	TFPR离散度
1	青海省	0.5270	16	江西省	0.6674
2	浙江省	0.5278	17	云南省	0.6739
3	宁夏回族自治区	0.5972	18	山东省	0.6758
4	新疆维吾尔自治区	0.6049	19	甘肃省	0.6779
5	江苏省	0.6051	20	贵州省	0.6783
6	重庆市	0.6223	21	河南省	0.6813
7	福建省	0.6258	22	湖北省	0.6848
8	内蒙古自治区	0.6262	23	河北省	0.6906
9	上海市	0.6273	24	天津市	0.6926
10	山西省	0.6327	25	北京市	0.6965
11	安徽省	0.6384	26	辽宁省	0.6993
12	湖南省	0.6517	27	广西壮族自治区	0.7017
13	广东省	0.6530	28	黑龙江省	0.7019
14	四川省	0.6596	29	吉林省	0.7150
15	陕西省	0.6651	30	海南省	0.7396
均值			0.656		

资料来源：作者通过中国工业企业数据库整理计算而得。

二、贸易自由化与市场化改革对区域层面资源配置效率的影响

中国地区间经济发展的差异是不容忽视的客观现象，而贸易自由化和市

场化改革又是当前中国区域发展的主要趋势和地区经济演变的重要动力。因此，本节的计量模型用于验证区域城市层面的贸易自由化和市场化改革对中国地区间资源配置效率差距会产生怎样的影响。以中国的市场经济转轨为背景，分析各地区市场化改革程度的差异和不平衡性对贸易自由化的资源配置效率的影响具有重要的实践意义。具体来讲，客观分析和正确认识地区市场化发展差异对传导贸易自由化效应发挥的作用，进而对资源配置效率的影响，有利于我们进一步剖析区域间资源配置效率和经济发展差异的成因，为促进区域间经济协调发展提供可行的思路与路径。虽然已有部分文献对中国地区生产率差距和资源配置效率差距展开了讨论（孙元元和张建清，2015，2017；高同彪，2011），得到了本地市场效应发挥、市场一体化对地区间生产率和资源配置效率差异的影响，却鲜有文献深入探讨中国市场化改革和贸易自由化对区域间资源配置效率差异的协同影响。表 5-11 回归估计结果表明：城市层面中间品关税（r_imduty）的削减显著降低了城市层面的 TFPR 离散度，优化了资源配置效率；城市层面最终品关税（r_outduty）的减让反而提升了城市层面的 TFPR 离散度。交互项 c. r_imduty#c. lscore 的估计系数为正并通过了1%的显著性检验，说明就配置资源方面而言，地区市场化改革与中间品关税之间存在显著的互补性，强化了中间品关税优化资源配置的效率，这与毛其淋和许家云（2015）的研究结果一致。交互项 c. r_imduty#c. lscore 的系数同样显著为正，表明市场化改革削弱了最终品关税提高城市层面的 TFPR 离散度的效应。

表 5-11 贸易自由化与市场化改革对区域层面资源配置效率的影响

VARIABLES	(1)	(2)	(3)
	reg1	reg2	reg3
	r_op	r_op	r_op
r_imduty	11.6709***	8.9261***	11.6022***
	(0.360)	(0.413)	(0.342)
lscore		-0.2148***	-0.2170***
		(0.028)	(0.027)

续表

VARIABLES	(1)	(2)	(3)
	reg1	reg2	reg3
	r_op	r_op	r_op
r_outduty	-6.5740***	-6.3832***	-8.8140***
	(0.281)	(0.269)	(0.313)
c. r_imduty#c. lscore		1.6864***	
		(0.140)	
c. r_outduty#c. lscore			1.5576***
			(0.115)
lgdp_r	-0.0252**	-0.0182*	-0.0141
	(0.010)	(0.010)	(0.010)
agg2	-0.0406	-0.0321	-0.0321
	(0.063)	(0.060)	(0.059)
lland_r	0.0174*	0.0152*	0.0151*
	(0.009)	(0.009)	(0.009)
lthird_r	0.0157	0.0239*	0.0225
	(0.015)	(0.014)	(0.014)
年份固定效应	Y	Y	Y
地区固定效应	Y	Y	Y
Observations	1907	1907	1907
R-squared	0.895	0.904	0.906

注：括号内为标准差，*、**、***分别表示10%、5%、1%的显著性水平。

三、区域层面资源再配置效率的分解

城市层面的资源配置效率提升本质上是有限资源的优化再配置。根据公式（5-3）地区制造业资源配置效率指标的构造原理，实际上城市层面的资

源配置效率涉及生产要素在多个层面，如不同城市、产业间及企业间的资源优化再配置。为了考察贸易自由化是如何具体影响城市层面资源再配置效应的，借鉴周茂等（2016）的研究，可将城市层面的资源配置效率的公式变化分解如下

$$
\begin{aligned}
\Delta sd\_tfpr_{ct} &= \Delta\left(\sum_{i} dtfpr_{i,1999}\frac{X_{ict}}{X_{ct}}\right) \\
&= \underbrace{\sum_{i\in I^{s}} dtfpr_{i,1999}\left(\frac{X_{ict}}{X_{ct}}-\frac{X_{ict-1}}{X_{ct-1}}\right)}_{\text{持续生存产业}} + \underbrace{\sum_{i\in I^{entry}} dtfpr_{i,1999}\frac{X_{ict}}{X_{ct}}-\sum_{i\in I^{exit}} dtfpr_{i,1999}\frac{X_{ict-1}}{X_{ct-1}}}_{\text{产业的新建和消亡}} \\
&= \underbrace{\sum_{i\in I^{s}} dtfpr_{i,1999}\left(\frac{X_{ict}}{X_{ct}}-\frac{X_{ict}}{X_{ct-1}}\right) + \sum_{i\in I^{s}} dtfpr_{i,1999}\left(\frac{X_{ict}}{X_{ct-1}}-\frac{X_{ict-1}}{X_{ct-1}}\right)}_{\text{持续生存产业}} + \underbrace{\Delta Sd_{ct}^{ee}}_{\text{产业的新建和消亡}} \\
&= \Delta Sd_{ct}^{inter}+\Delta Sd_{ct}^{intra}+\Delta Sd_{ct}^{ee}
\end{aligned}
\tag{5-7}
$$

如式（5-7）所示，地区制造业资源配置效率的总变化可以分解为资源在地区间和地区内产业间的再配置。地区内产业间的资源再配置又可以进一步分解成持续生存产业的调整与产业的新建和消亡调整。根据分解结果，接下来将分别考察中间品、最终品关税削减与市场化改革对资源在城市间、城市内产业间调整的影响。表 5-12 的估计结果表明，市场化改革力度的变化（dmrk）均显著地促进了资源在地区间、地区内产业间的再配置效率。不过，贸易自由化产生了多样化的结果。可以看到，中间品关税的削减（dimty）抑制了资源在地区间和持续生存产业内的流动，但是提高了资源在高低技术产业结构的调整。这正如前文所分析的，中间品关税削减同样为低生产率企业带来低廉优质的中间投入要素，会抑制低生产率企业退出市场，减缓资源从低生产率地区流向高生产率地区。与此同时，中间品关税降低有利于促进企业的研发创新活动，加速高技术产业的建立。企业可以更便利地从国外获得优质投入要素，压缩了国内低技术、低生产率产业的利润和市场空间，引致低生产率企业被淘汰出市场，加速了产业新建和消亡这种“创造性破坏”的调整。与中间品贸易自由化效应不同，最终品关税削减带来的激烈竞争，则

显著地加快了资源在地区间和持续生存产业间的调整。

表 5-12　城市层面资源配置效率的分解

VARIABLES	(1)	(2)	(3)
	地区间调整	地区内产业间调整	
	lpinter	持续生存产业 lpintra	产业新建和消亡 ee_p
dimty	-1.9167***	-5.1961***	1.5714***
	(0.241)	(0.456)	(0.066)
douty	2.4735***	2.7251***	-1.2778***
	(0.186)	(0.355)	(0.052)
dmrk	0.0270**	0.2409***	0.0257***
	(0.013)	(0.031)	(0.005)
Constant	-1.5913***	1.9628***	0.5724***
	(0.135)	(0.288)	(0.042)
年份固定效应	Y	Y	Y
行业固定效应	Y	Y	Y
地区固定效应	Y	Y	Y
Observations	34720	41159	41159
R-squared	0.720	0.874	0.186

注：括号内为标准差，*、**、***分别表示10%、5%、1%的显著性水平。

本章小结

改革开放40多年来，伴随着贸易自由化的推进，除了最终品关税不断降低，中间品关税同样经历了大幅的削减。与最终品关税直接带来的竞争效应不同，中间品关税的降低不仅直接减少了企业进口中间品的成本，增加了企业利润，更便于企业可购买核心零部件获得核心生产技术，促进企业自主研发投入活动。鉴于此，本章验证了中间投入品关税与市场化改革对企业间资源配置效率的影响。更为重要的是，中国渐进式的改革开放战略，导致贸易自由化传导效应在不同地区是存在差异化的。本章通过构建城市层面的中间

投入品关税指标，以中国加入 WTO 这一政策背景为准自然实验，以高关税水平城市作为处理组、低关税水平城市作为对照组，考察了在不同城市间，贸易自由化及市场化改革对资源配置效率的影响差异。本章的主要结论有以下几点。

第一，基准回归结果显示，中间品贸易自由化系数显著为负，与市场化改革交互项估计系数也显著为负，这说明，中间品贸易自由化显著改善了企业间资源配置效率。并且，这一效应在市场化程度高的地区，效果愈加显著。市场化改革通过缓解企业面临的市场扭曲，加剧市场竞争，迫使低生产率企业退出市场，提高了企业进入国内市场的临界生产率，因而强化了贸易自由化优化资源配置效率的效应。市场化改革对中间品贸易自由化在资源配置方面的互补作用，显著异于其对最终品贸易自由化在资源配置方面的替代性作用。这一结论在考虑了识别假设条件和一系列其他可能干扰估计结果的因素后依然成立。

第二，由不同样本的估计结果得到，中间品关税下降与市场化改革的交互作用降低私营企业 TFPR 离散度的影响效应最为显著，国有企业次之，反而扩大了外资企业间的 TFPR 离散度。东部、中部、西部地区子样本的回归结果显示，中间品关税下降与市场化改革对东部地区的资源配置效率影响最为显著，中部地区次之，西部地区受到地理位置限制，二者对西部地区的资源配置效率影响较弱。此外，中间品贸易自由化与市场化改革同样显著地影响了技术密集型和劳动密集型行业的资源配置效率。

第三，通过对机制进一步分析表明：中间品关税削减与市场化改革总体上提升了企业进入市场的概率，以及企业退出市场的概率，从而优化了资源配置效率。中间品贸易自由化显著提高了企业新产品销售值的比重，以及企业的研发投入概率，证实了中间投入品关税削减由于为企业带来多样化和高质量的中间品投入，促进了企业积极进行研发创新活动。市场化改革由于改善了企业生产活动面临的市场扭曲，进一步强化了中间品关税减让提升新产品研发产出和企业研发概率的效应。中间品贸易自由化与市场化改革协同提升了企业间要素的边际产品价值，并降低了企业间要素的边际产品价值离散度。

第四，将行业层面的TFPR离散度加权到地区城市层面发现，中间品贸易自由化与市场化改革对区域层面的资源配置效率也存在互补性，中间品关税的降低显著优化了总体区域层面的资源配置效率，这一效果在市场化改革程度更高的地区更加显著。将地区城市层面的资源配置效率进行分解的估计结果显示，中间品关税的削减主要促进了地区内产业结构的调整，进而优化了资源配置。最终品关税削减带来的激烈竞争，则更显著地加快了资源在地区间和持续生存产业间的调整。

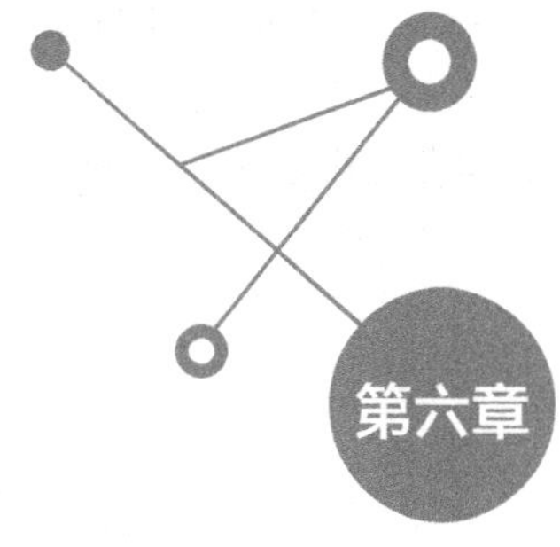

市场化改革对资源配置效率与贸易福利的调节效应：数值模拟分析

在前面的章节，本书已经从数理模型和经验分析两种角度检验了市场化改革与贸易自由化是如何共同影响资源配置效率的。本章将通过数值模拟方法，运用以下步骤评估并量化市场化改革对中国总体资源配置效率和贸易福利的影响。第一步，比较在 Melitz 无扭曲框架下与存在市场扭曲情形下的临界生产率水平，考察市场化改革对总体生产率水平的影响。第二步，考察市场化改革是如何影响总体的消费者福利水平的。第三步，借鉴钱学锋等（2016b）、Demidova 和 Rodriguez Clare（2013）的分解方法，将消费者福利拆分成四个部分：人均产出水平、本国消费者可消费的产品种类、产品差异化程度和贸易条件效应，并利用数值模拟的方法，考察各个部分是如何随市场化改革深化而变动的。

第一节 临界生产率与资源配置效率

一、市场化改革与国内市场的生产率临界值

本节将通过临界生产率的变动情况，说明存在市场扭曲情形下，市场化改革对资源配置效率的影响。我们首先来比较在封闭均衡中，Melitz（2003）无扭

曲与存在市场扭曲框架下，企业进入国内市场的生产率临界值，表达式分别为

$$\varphi_a^* = \left[\frac{\sigma-1}{k-(\sigma-1)}\frac{f}{\delta f_e}\right]^{\frac{1}{k}} \tag{6-1}$$

$$\varphi_{a\gamma}^* = \left[\frac{(\sigma-1)\left(1-\frac{1}{\gamma}\right)}{k-(\sigma-1)\left(1-\frac{1}{\gamma}\right)}\frac{f}{\delta f_e}\right]^{\frac{1}{k}} \tag{6-2}$$

根据式（6-1）和式（6-2），我们无法直接判断 φ_a^* 和 $\varphi_{a\gamma}^*$ 之间的关系。为此，借鉴钱学锋等（2016b）的研究，对相关参数进行赋值：$k=4.25$；$\sigma=4$；$f_e=0.2$；$f=1$。根据樊纲市场化进程指数数据，分别取 10%、25%、50%、75%和 90%分位数水平的市场化改革指数进行赋值，将 γ 定义在 1.72 到 11.71 之间，得到如图 6-1（a）的结果。图 6-1（a）显示，在 γ 的取值范围内，始终有 $\varphi_a^*>\varphi_{a\gamma}^*$，这说明市场扭曲的存在，导致企业进入国内市场的临界生产率始终小于无扭曲情形。但是，图 6-1（a）显示，$\frac{\varphi_a^*}{\varphi_{a\gamma}^*}$随着 γ 的增大而递减，这说明市场化改革有利于提升企业进入国内市场的生产率临界值，使其不断接近无扭曲情形。

在开放均衡中，Melitz（2003）无扭曲与存在市场扭曲的设定下，企业进入国内市场的生产率临界值表达式分别为

$$\varphi_o^* = \left\{\frac{1}{\delta f_e}\frac{\sigma-1}{k-(\sigma-1)}\left[f+f_x\left(\frac{f_x}{f}\tau^{\sigma-1}\right)^{\frac{-k}{\sigma-1}}\right]\right\}^{\frac{1}{k}} \tag{6-3}$$

$$\varphi_{o\gamma}^* = \left\{\frac{1}{\delta f_e}\left[\frac{(\sigma-1)\left(1-\frac{1}{\gamma}\right)}{k-(\sigma-1)\left(1-\frac{1}{\gamma}\right)}\right]\left[f+f_x\left(\frac{f_x}{f}\tau^{\sigma-1}\right)^{\frac{-k}{(\sigma-1)\left(1-\frac{1}{\gamma}\right)}}\right]\right\}^{\frac{1}{k}} \tag{6-4}$$

根据图 6-1（b），也可以得到：$\varphi_o^*>\varphi_{o\gamma}^*$ 成立。这说明，在开放均衡中，当市场存在扭曲时，企业进入国内市场的临界生产率，均低于无扭曲情形下的临界生产率水平。同样地，在开放均衡中，市场化改革的深化也缩小了扭曲情形下与无扭曲情形下临界生产率之间的差距。换句话说，市场化改革

通过减缓在位企业生产和销售面临的市场扭曲，有利于生产率较高企业扩张生产，迫使生产率较低企业退出市场，并将资源让渡给生产率较高企业，拉动了整体行业生产率的提升，从而在行业层面上改善了国内市场的资源配置效率。值得注意的是，与$\frac{\varphi_a^*}{\varphi_{a\gamma}^*}$相比，$\frac{\varphi_o^*}{\varphi_{o\gamma}^*}$随 γ 变化的曲线斜率更为陡峭，这说明在开放条件下，随着市场化改革的深化，其提升临界生产率的效应大于封闭情形。

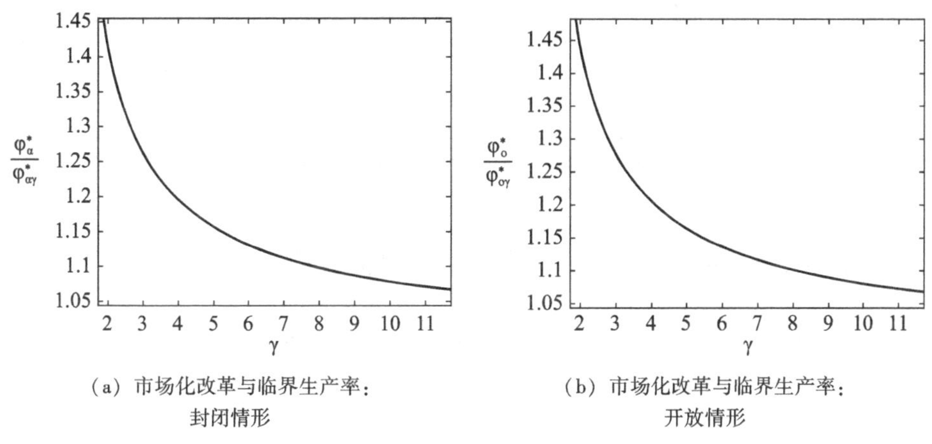

（a）市场化改革与临界生产率：封闭情形

（b）市场化改革与临界生产率：开放情形

图 6-1　封闭情形与开放情形下市场化改革与临界生产率

为了更为具体地描述市场化改革带来的生产率效应，下面通过一个简单的数值例子进行估算，如表 6-1 所示。可以发现，不论是在封闭情形还是开放情形下，随着市场化改革程度的深化，企业进入国内市场的临界生产率会不断提升，与无扭曲情形时的临界生产率差距不断缩小。另外，通过比较$\frac{\varphi_{a\gamma}^*}{\varphi_a^*}$与$\frac{\varphi_o^*}{\varphi_{o\gamma}^*}$的降幅大小可以发现，在开放条件下，扭曲下的临界生产率向无扭曲水平靠拢的速度更快。换句话说，在开放情形下，市场化改革对临界生产率的提升效应更为显著，即贸易自由化放大了市场化改革对临界生产率的提升效应。

表 6-1　市场化改革与国内市场临界生产率

变量含义	市场化进程指数取值与人均产出变动				
市场化进程指数 γ	1.72	4.29	5.47	7.11	11.71
封闭情形 $\frac{\varphi_{a\gamma}^*}{\varphi_a^*}$	1.5075	1.1817	1.1424	1.1097	1.0670
$\frac{\varphi_{a\gamma}^*}{\varphi_a^*}$ 的降幅	—	21.61%	3.33%	2.86%	3.85%
开放情形 $\frac{\varphi_o^*}{\varphi_{o\gamma}^*}$	1.5379	1.1912	1.1502	1.1155	1.0704
$\frac{\varphi_o^*}{\varphi_{o\gamma}^*}$ 的降幅	—	22.54%	3.44%	3.02%	4.04%

注：参数赋值为 $k=4.25$；$\sigma=4$；$\tau=1.83$；$f_x=0.545$；$f_e=0.2$；$f=1$。

二、市场化改革与出口市场的生产率临界值

在开放均衡中，在 Melitz（2003）无扭曲与存在市场扭曲设定下，企业进入出口市场的生产率临界值表达式分别为

$$\varphi_x^*=\left(\frac{f_x}{f}\tau^{\sigma-1}\right)^{\frac{1}{\sigma-1}}\left\{\frac{1}{\delta f_e}\frac{\sigma-1}{k-(\sigma-1)}\left[f+f_x\left(\frac{f_x}{f}\tau^{\sigma-1}\right)^{\frac{-k}{\sigma-1}}\right]\right\}^{\frac{1}{k}} \tag{6-5}$$

$$\varphi_{x\gamma}^*=\left(\frac{f_x}{f}\tau^{\sigma-1}\right)^{\frac{1}{(\sigma-1)\left(1-\frac{1}{\gamma}\right)}}\left\{\frac{1}{\delta f_e}\left[\frac{(\sigma-1)\left(1-\frac{1}{\gamma}\right)}{k-(\sigma-1)\left(1-\frac{1}{\gamma}\right)}\right]\left[f+f_x\left(\frac{f_x}{f}\tau^{\sigma-1}\right)^{\frac{-k}{(\sigma-1)\left(1-\frac{1}{\gamma}\right)}}\right]\right\}^{\frac{1}{k}} \tag{6-6}$$

图 6-2 为市场化改革与出口市场临界生产率。根据数值模拟图 6-2（a）可以得到：φ_x^* 与 $\varphi_{x\gamma}^*$ 之间的大小关系存在 γ 的阈值效应。当 $\gamma<2.5$ 时，$\varphi_x^*<\varphi_{x\gamma}^*$；当 $\gamma>2.5$ 时，$\varphi_x^*>\varphi_{x\gamma}^*$。这表明，当市场化程度水平较低时，企业面临的市场扭曲较大，企业进入出口市场的临界生产率水平较高，降低了企业出口的概率。随着市场化程度的提高，企业进入出口市场的临界生产率会逐渐降低，当 $\gamma=4$ 时，出口市场的临界生产率水平最低。然而，随着市场化程

度的进一步深化（γ>4），出口市场的临界生产率将进一步提高。$\varphi_{x\gamma}^*$ 与 γ 的这一变动关系在图 6-2（b）中得到了佐证。

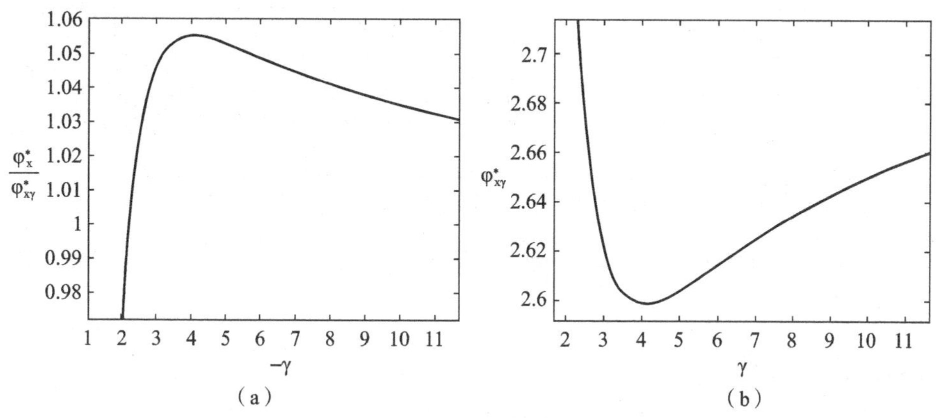

图 6-2　市场化改革与出口市场临界生产率

三、市场化改革与企业间生产率差距

在开放均衡中，Melitz（2003）在无扭曲与存在市场扭曲设定下，出口与非出口企业间生产率差距的关系表达式分别为

$$\frac{\varphi_{ox}^*}{\varphi_o^*}=\left(\frac{f_x}{f}\tau^{\sigma-1}\right)^{\frac{1}{(\sigma-1)}} \tag{6-7}$$

$$\frac{\varphi_{x\gamma}^*}{\varphi_{o\gamma}^*}=\left(\frac{f_x}{f}\tau^{\sigma-1}\right)^{\frac{1}{(\sigma-1)\left(1-\frac{1}{\gamma}\right)}} \tag{6-8}$$

由上式可知，$\frac{\varphi_{ox}^*}{\varphi_o^*}<\frac{\varphi_{x\gamma}^*}{\varphi_{o\gamma}^*}$，这说明在存在市场扭曲的情形下，出口与非出口企业间的生产率差距大于无扭曲情形，如表 6-2 所示。不过，通过不断提升企业进入国内市场的临界生产率水平，会有效缩小出口与非出口企业间的生产率差距，使出口与非出口企业间的生产率差距接近无扭曲情形，即市场化改革有利于缩小企业间的 TFPR 离散度。这也表明，市场化改革对国内市场临界生产率的提升效应大于对出口市场的临界生产率的影响效应，有利于优化企业间的资源配置效率。

表 6-2　市场化改革与企业间生产率差距

变量含义	市场化进程指数与企业间生产率差距变动				
市场化进程指数 γ	1.72	4.29	5.47	7.11	11.71
$\frac{\varphi_{ox}^*}{\varphi_o^*} \Big/ \frac{\varphi_{x\gamma}^*}{\varphi_{o\gamma}^*}$	0.5722	0.8850	0.9140	0.9363	0.9632

注：参数赋值为 $k=4.25$；$\sigma=4$；$\tau=1.83$；$f_x=0.545$；$f_e=0.2$；$f=1$。

根据上述结果与分析，可以得到第 6 个理论假说。

理论假说6

在两国对称且存在市场扭曲的模型假设下，不论是封闭情形还是开放情形中，企业进入国内市场的临界生产率始终小于无市场扭曲的水平，但是市场化改革的深化会将其提升至无市场扭曲水平。不过，在开放情形下，市场化改革对临界生产率的提升效应更为显著，即贸易自由化放大了市场化改革对临界生产率的提升效应。

另外，企业进入出口市场的临界生产率会随着市场化改革的深化，先下降后上升。然而，市场化改革对国内市场临界生产率的提升效应大于对出口市场临界生产率的影响效应，因而有利于降低出口与非出口企业间的生产率差距，优化资源配置效率。

第二节　市场化改革与整体贸易福利

本节旨在分析存在市场扭曲情形下，市场化改革对消费者福利的影响，假定两国模型完全对称，具有相同市场规模、冰山运输成本、生产率分布。

在封闭情形下，Melitz（2003）无扭曲与存在市场扭曲框架下，消费者的福利表达的比值为

$$\frac{U_{\alpha}}{U_{\alpha\gamma}}=\frac{\rho\left[\frac{L}{\sigma f}\right]^{\frac{1}{\sigma-1}}\left[\frac{1}{\delta f_e}\left(\frac{(\sigma-1)}{k-(\sigma-1)}\right)\right]^{\frac{1}{k}}}{\rho\left[\frac{L}{\sigma f}\right]^{\frac{1}{\sigma-1}}\left\{\frac{1}{\delta f_e}\left[\frac{(\sigma-1)\left(1-\frac{1}{\gamma}\right)}{k-(\sigma-1)\left(1-\frac{1}{\gamma}\right)}\right]\right\}^{\frac{\gamma-1}{k\gamma}}} \tag{6-9}$$

通过数值模拟来分析市场化改革对一国消费者福利的影响，如图 6-3 所示。图 6-3（a）显示，在存在市场扭曲的情形下，封闭均衡中的消费者福利是始终小于无市场扭曲的 Melitz 情形的。但是，可以看到，随着市场化改革的深化，企业面临的市场扭曲会减缓，消费者的福利不断提升，接近无扭曲情形的消费者福利水平。

类似地，在开放情形下，在存在扭曲和 Melitz 无扭曲的两种情形下，代表性消费者的福利之比为

$$\frac{U_{o}}{U_{o\gamma}}=\frac{\left\{\left[\frac{1}{\delta f_e}\left(\frac{\sigma-1}{k-(\sigma-1)}\right)\right]\left[f+f_x\left(\frac{f_x}{f}\tau^{\sigma-1}\right)^{\frac{-k}{(\sigma-1)}}\right]\right\}^{\frac{1}{k}}}{\left\{\left[\frac{1}{\delta f_e}\left(\frac{(\sigma-1)\left(1-\frac{1}{\gamma}\right)}{k-(\sigma-1)\left(1-\frac{1}{\gamma}\right)}\right)\right]\left[f+f_x\left(\frac{f_x}{f}\tau^{\sigma-1}\right)^{\frac{-k}{(\sigma-1)\left(1-\frac{1}{\gamma}\right)}}\right]\right\}^{\frac{\gamma-1}{k\gamma}}} \tag{6-10}$$

将式（6-10）进行数值模拟，我们也得到了市场化改革对开放情形下一国贸易福利的影响，如图 6-3（b）所示。从图 6-3（b）中可以看到，两国对称且存在市场扭曲的模型下，在市场化改革指数取值 1.72~11.71 时，$\frac{U_o}{U_{o\gamma}}>1$，即存在市场扭曲时，消费者的贸易福利始终小于无扭曲情形。然而，随着市场化改革程度的深化，$\frac{U_o}{U_{o\gamma}}$曲线是递减的，这说明市场化改革降低了存在市场扭曲与无市场扭曲之间的消费者福利差距。也就是说，当市场存在扭曲情形时，市场化改革有利于改善消费者的贸易福利。

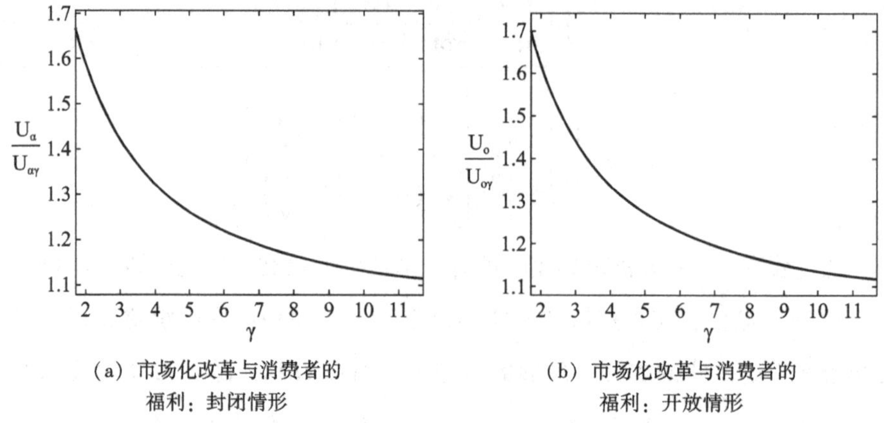

(a) 市场化改革与消费者的福利：封闭情形

(b) 市场化改革与消费者的福利：开放情形

图 6-3　封闭情形与开放情形下市场化改革与消费者的福利

更为具体地，我们通过下面一个简单的数值例子，对市场化改革带来的消费者福利改善程度进行估算，如表 6-3 所示。当 γ 分别取值 1.72、4.29、5.47、7.11 和 11.71 时，封闭情形下的消费者福利差距，$\left[\left(\frac{U_o}{U_{a\gamma}}\right)-1\right]$分别为 66.82%、30.26%、24.07%、18.73%、11.55%，开放情形下的消费者福利差距，即$\left[\left(\frac{U_o}{U_{o\gamma}}\right)-1\right]$分别为 70.4%、31.81%、25.27%、19.64%、12.08%。可以看出，不论在封闭情形还是开放情形中，消费者福利差距都随着市场化程度的提高而递减，这再次证明了市场化改革对消费者福利的改善作用。

另外，对比封闭情形和开放情形时的福利差距，可以看到，开放条件下的市场扭曲与无市场扭曲之间的消费者福利差距大于封闭均衡中的消费者福利差距。这说明，当国内市场存在扭曲时，贸易开放反而会加剧国内扭曲带来的福利损失，这与已有研究结果保持一致（Bhagwati，1971；Epifani 和 Gancia，2011；钱学锋等，2016）。不过，随着市场化程度的深化，特别是当 $\gamma>4.29$ 时，开放均衡中消费者福利差距与封闭均衡中的消费者福利差距逐渐接近，这说明市场化改革改善消费者福利的幅度大于封闭均衡情形。从$\frac{U_\alpha}{U_{\alpha\gamma}}$和$\frac{U_o}{U_{o\gamma}}$的降幅程度来看，在开放情形下，市场化改革提升消费者福利的效应更显著，说明对外开放放大了市场化改革增强消费者福利

的效应。据此，从改善消费者福利的角度来讲，对内改革与对外开放是相辅相成的。

表 6-3　市场化改革带来的消费者福利变化

变量含义	市场化进程指数与消费者福利变动				
市场化进程指数 γ	1.72	4.29	5.47	7.11	11.71
封闭条件下 Melitz 中消费者福利与存在市场扭曲时消费者福利的比值 $\frac{U_a}{U_{a\gamma}}$	1.6682	1.3026	1.2407	1.1873	1.1155
$\frac{U_a}{U_{a\gamma}}$的降幅	—	21.92%	4.75%	4.30%	6.05%
市场化改革带来的消费者福利：$\frac{U_a}{U_{a\gamma}}-1$	66.82%	30.26%	24.07%	18.73%	11.55%
开放条件下 Melitz 中消费者福利与存在市场扭曲时消费者福利的比值 $\frac{U_o}{U_{o\gamma}}$	1.7040	1.3181	1.2527	1.1964	1.1208
$\frac{U_o}{U_{o\gamma}}$的降幅	—	22.65%	4.96%	4.49%	6.32%
市场化改革带来的消费者福利：$\frac{U_o}{U_{o\gamma}}-1$	70.4%	31.81%	25.27%	19.64%	12.08%

注：参数赋值为 $k=4.25$；$\sigma=4$；$\tau=1.83$；$f_x=0.545$；$f_e=0.2$；$f=1$。

根据上述分析，可以得到我们的理论假说 7。

理论假说7

在两国对称且存在市场扭曲的模型假设下，开放情形下的消费者福利损失大于封闭均衡情形下的消费者福利损失。但是，不论是在开放情形还是封闭情形中，市场化改革均有利于提升消费者福利，使消费者福利不断接近无扭曲情形时的消费者福利水平。尤其在开放情形下，市场化程度深化带来的消费者福利的改善幅度大于封闭情形。这说明，对于提高消费者福利而言，中国对内改革与对外开放是相辅相成的。

第三节 市场化改革影响贸易福利的渠道分析

一、贸易福利的分解

借鉴钱学锋等（2016b）、Demidova 和 Rodriguez Clare（2013）的分解方法，本节将贸易福利分解为人均产出水平、本国消费者可消费的产品种类、产品差异化程度和贸易条件效应四个部分，以进一步讨论市场化改革是如何影响福利各细分部分，进而对总体贸易福利产生影响的。

在 Melitz 无扭曲开放情况下的消费者福利在 CES 效用体系下，U=Q，代表性消费者的效用还可以表示成企业数量、平均消费量和产品替代弹性的公式

$$U=\left[\int_{\varphi_d^*}^{\varphi_x^*} q(\varphi_d)^{\frac{\sigma-1}{\sigma}} M\mu(\varphi)d\varphi\right]\frac{\sigma}{\sigma-1}+\left[\int_{\varphi_x^*}^{\infty} q(\varphi_x)^{\frac{\sigma-1}{\sigma}} M_x\mu_x(\varphi)d\varphi\right]\frac{\sigma}{\sigma-1}$$

$$=\left[\int_{\varphi_d^*}^{\varphi_x^*} q(\tilde{\varphi}_d)^{\frac{\sigma-1}{\sigma}}\left(\frac{\varphi_d}{\tilde{\varphi}_d}\right)^{\sigma^{\frac{\sigma-1}{\sigma}}} M\mu(\varphi)d\varphi\right]^{\frac{\sigma}{\sigma-1}}+\left[\int_{\varphi_x^*}^{\infty} q(\varphi_x)^{\frac{\sigma-1}{\sigma}}\left(\frac{\varphi_x}{\tilde{\varphi}_x}\right)^{\sigma^{\frac{\sigma-1}{\sigma}}} M_x\mu_x(\varphi)d\varphi\right]^{\frac{\sigma}{\sigma-1}}$$

$$=M^{\frac{\sigma-1}{\sigma}}q(\tilde{\varphi}_d)+M_x^{\frac{\sigma-1}{\sigma}}q(\tilde{\varphi}_x) \tag{6-11}$$

这里的 M、M_x 分别代表国内生产企业、出口企业的数量，$q(\tilde{\varphi}_d)$、$q(\tilde{\varphi}_x)$ 分别代表包含国内生产企业和国内出口企业的平均产量。

同时，对于一家生产率为 φ 的企业，国内消费者对其需求量为 $q_d(\varphi)=f(\sigma-1)\varphi^{\sigma}(\varphi_d^*)^{1-\sigma}$，国外消费者对其需求量为 $q_x(\varphi)=\frac{f_x}{\tau}(\sigma-1)\varphi^{\sigma}(\varphi_x^*)^{1-\sigma}$。

根据镜像的假设，国内的消费者的总消费量表达式为

$$
\begin{aligned}
q(\varphi) &= q_d(\varphi)+q_x(\varphi) \\
&= f(\sigma-1)\varphi^{\sigma}(\varphi_d^*)^{1-\sigma}+\frac{f_x}{\tau}(\sigma-1)\varphi^{\sigma}(\varphi_d^*)^{1-\sigma} \\
&= f(\sigma-1)\varphi^{\sigma}(\varphi_d^*)^{1-\sigma}(1+\tau^{-\sigma})
\end{aligned}
\tag{6-12}
$$

因此，将式（6-12）、式（6-2）的生产率临界值和成功出口概率 p_x 代入公式（6-11）中，得到

$$
\begin{aligned}
U &= M^{\frac{\sigma}{\sigma-1}}q(\varphi)\left(\frac{\widetilde{\varphi}_d}{\varphi}\right)\sigma+\left[M\frac{1-G(\varphi_x^*)}{1-G(\varphi^*)}\right]^{\frac{\sigma}{\sigma-1}}q(\varphi)\left(\frac{\widetilde{\varphi}_x}{\varphi}\right)^{\sigma} \\
&= M^{\frac{\sigma}{\sigma-1}}q(\varphi)\left(\frac{\varphi^*}{\varphi}\right)^{\sigma}\left[\frac{k}{k-(\sigma-1)}\right]^{\frac{\sigma}{\sigma-1}}\left\{1+\left[\left(\frac{f_x}{f}\right)^{\sigma-1}\tau\right]^{\frac{\sigma[k-(\sigma-1)]}{\sigma-1}}\right\}
\end{aligned}
\tag{6-13}
$$

在 Melitz 框架下，消费者的效用（式 6-12）可以分解为四个部分，分别是人均产出水平、本国消费者可消费的产品种类、产品差异化程度、贸易条件。

$$
\begin{aligned}
U = {} & \frac{Q_{produced}}{L}\frac{Q_{consumed}}{Q_{produced}}(M_t)^{\frac{1}{\sigma-1}}\left\{\left(\frac{M_m}{M_t}\right)^{1-\rho}\left[\frac{Q_m}{Q_{consumed}}\frac{M_m\left(\int_{\varphi_x^*}^{\infty}q_m^{\rho}(\varphi)\mu(\varphi)d\varphi\right)^{\frac{1}{\rho}}}{Q_m}\right]^{\rho}+\right. \\
& \left.\left(\frac{M}{M_t}\right)^{1-\rho}\left[\frac{Q_d}{Q_{consumed}}\frac{M\left(\int_{\varphi^*}^{\infty}q^{\rho}(\varphi)\mu(\varphi)d\varphi\right)^{\frac{1}{\rho}}}{Q_d}\right]^{\rho}\right\}^{\frac{1}{\rho}}
\end{aligned}
\tag{6-14}
$$

令 $A=\frac{Q_{produced}}{L}$；$B=\frac{Q_{consumed}}{Q_{produced}}$；$C=(M_t)^{\frac{1}{\sigma-1}}$；

$$
\begin{aligned}
D = {} & \left\{\left(\frac{M_m}{M_t}\right)^{1-\rho}\left[\frac{Q_m}{Q_{consumed}}\frac{M_m\left(\int_{\varphi_x^*}^{\infty}q_m^{\rho}(\varphi)\mu(\varphi)d\varphi\right)^{\frac{1}{\rho}}}{Q_m}\right]^{\rho}+\right. \\
& \left.\left(\frac{M}{M_t}\right)^{1-\rho}\left[\frac{Q_d}{Q_{consumed}}\frac{M\left(\int_{\varphi^*}^{\infty}q^{\rho}(\varphi)\mu(\varphi)d\varphi\right)^{\frac{1}{\rho}}}{Q_d}\right]^{\rho}\right\}^{\frac{1}{\rho}}
\end{aligned}
$$

其中，$Q_{produced}$ 为本国生产并销售到本国和外国的产品总数；$Q_{consumed}$ 为本国消费者消费的本国和外国产品总数；M 为本国的在位企业数量。A 代表人均产出水平，定义为生产率效应；B 代表贸易条件效应；C 代表本国消费者可消费的产品种类，定义为资源再配置效应，衡量资源再配置作用；D 代表产品差异化程度，定义为产品差异化效应。

二、市场化改革与人均产出水平

通过进一步推导，在 Melitz（2003）无扭曲和存在市场扭曲情形时，生产率效应分别为 A 和 A_1，如式（6-15）和式（6-16）所示。

$$A=\frac{\sigma-1}{\sigma}\frac{k-(\sigma-1)}{k-\sigma}\frac{\left\{\frac{\sigma-1}{k-(\sigma-1)}\frac{f}{f_e}\left[1+\tau^{-k}\left(\frac{f_x}{f}\right)^{\frac{\sigma-k-1}{\sigma-1}}\right]\right\}^{\frac{1}{k}}\left[1+\tau^{-k}\left(\frac{f_x}{f}\right)^{\frac{\sigma-k}{\sigma-1}}\right]}{1+\tau^{-k}\left(\frac{f_x}{f}\right)^{\frac{\sigma-k-1}{\sigma-1}}}\tag{6-15}$$

$$A_1=\frac{\sigma-1}{\sigma}\frac{k-(\sigma-1)\left(1-\frac{1}{\gamma}\right)}{k-\sigma\left(1-\frac{1}{\gamma}\right)}\times$$

$$\frac{\left[1+\tau^{\frac{-k}{1-\frac{1}{\gamma}}}\left(\frac{f_x}{f}\right)^{\frac{\sigma\left(1-\frac{1}{\gamma}\right)-k}{(\sigma-1)\left(1-\frac{1}{\gamma}\right)}}\right]\left\{\frac{(\sigma-1)\left(1-\frac{1}{\gamma}\right)}{k-(\sigma-1)\left(1-\frac{1}{\gamma}\right)}\frac{f}{\delta f_e}\left[1+\tau^{\frac{-k}{1-\frac{1}{\gamma}}}\left(\frac{f_x}{f}\right)^{1-\frac{k}{(\sigma-1)\left(1-\frac{1}{\gamma}\right)}}\right]\right\}^{\frac{1}{k}}}{1+\tau^{\frac{-k}{1-\frac{1}{\gamma}}}\left(\frac{f_x}{f}\right)^{1-\frac{k}{(\sigma-1)\left(1-\frac{1}{\gamma}\right)}}}\tag{6-16}$$

根据前面的参数设定，同样通过数值模拟方法比较 A 和 A_1 的大小，得到 $A_1<A$，但 $\frac{A_1}{A}$ 随 γ 递增，如图 6-4 所示。可以看到，在市场化改革程度取值范围内，始终有 $A_1<A$，即在扭曲且两国对称情形下的人均产出，低于 Melitz 无扭曲情形下的人均产出水平。值得强调的是，$\frac{A_1}{A}$ 随 γ 递增。也就是说，市场化改革使国内的人均产出增加。根据第二章的理论文献，市场化改革通过提升企业进入国内市场的临界生产率，从而提高了市场上总体企业的生产率水平，这就证明了市场化改革对企业层面资源配置作用的存在。

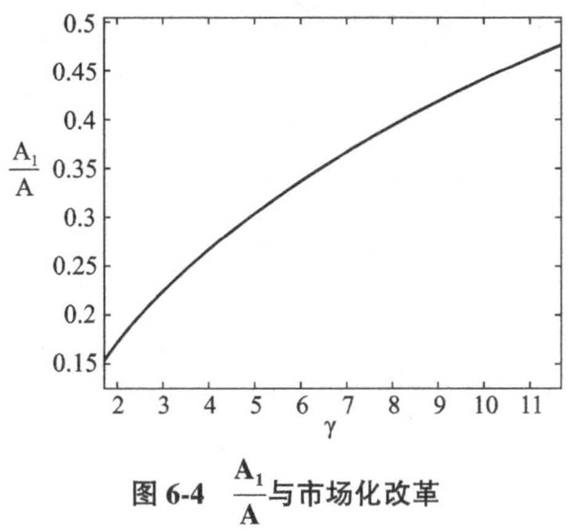

图 6-4　$\frac{A_1}{A}$与市场化改革

具体的数值计算结果如表 6-4 所示。当市场化指数 γ 分别取 1. 72、4. 29、5. 47、7. 11 和 11. 71 时，相应的生产率效应 A_1 分别为 1. 0384、1. 8835、2. 1672、2. 5057、3. 2263。可以发现，在取值范围内，人均产出水平始终低于 Melitz 无市场扭曲情形。不过，人均产出 A_1 随着市场化程度的深化而递增，不断接近 Melitz 无市场扭曲下的产出水平，这同样证实了生产率效应 A_1 的存在。另外，生产率效应 A_1 的增幅变化情况表明，市场化改革对 A_1 的影响效应在 γ=4. 29 的邻域内达到最大值，随后递减，接着其又随着市场化改革程度的继续深化而提升。这说明，当市场存在扭曲时，初始和高水平阶段的市场化改革对于提升人均产出具有十分显著的效果，中间水平阶段的市场化改革带来的生产率效应相对而言较小。

表 6-4　市场化改革对人均产出的影响

变量含义	市场化进程指数与人均产出变动					
市场化进程指数 γ	1. 72	4. 29	5. 47	7. 11	11. 71	Melitz 无市场扭曲情形
生产率效应 A_1（企业层面资源再配置）	1. 0384	1. 8835	2. 1672	2. 5057	3. 2263	6. 7663
生产率效应 A_1 的增幅	—	81. 38%	15. 06%	15. 62%	28. 76%	—

注：参数赋值为 k=4. 25；σ=4；τ=1. 83；f_x=0. 545；f_e=0. 2；f=1。

三、市场化改革与消费者产品种类

在 Melitz（2003）无扭曲和存在市场扭曲情形时，消费者可消费的产品种类分别为 C 和 C_1，如式（6-17）和式（6-18）所示。

$$C=\left\{\frac{L\left[1+\tau^{-k}\left(\frac{f_x}{f}\right)^{\frac{-k}{\sigma-1}}\right]}{\frac{k}{k-(\sigma-1)}f\sigma\left[1+\tau^{-k}\left(\frac{f_x}{f}\right)^{\frac{\sigma-k-1}{\sigma-1}}\right]}\right\}^{\frac{1}{\sigma-1}} \tag{6-17}$$

$$C_1=\left\{\frac{L\left[k-(\sigma-1)\left(1-\frac{1}{\gamma}\right)\right]\left[1+\tau^{\frac{-k}{1-\frac{1}{\gamma}}}\left(\frac{f_x}{f}\right)^{\frac{-k}{(\sigma-1)\left(1-\frac{1}{\gamma}\right)}}\right]}{\sigma fk\left[1+\tau^{\frac{-k}{1-\frac{1}{\gamma}}}\left(\frac{f_x}{f}\right)^{\frac{(\sigma-1)\left(1-\frac{1}{\gamma}\right)-k}{(\sigma-1)\left(1-\frac{1}{\gamma}\right)}}\right]}\right\}^{\frac{1}{\sigma-1}} \tag{6-18}$$

对上式 C_1 与 C 进行数值模拟结果，如图 6-5 所示，$\frac{C_1}{C}$一直处于 1 以下，也就是 $C_1<C$，但$\frac{C_1}{C}$随 γ 递减。这说明，在两国对称且都有扭曲的情形下，本国销售的产品种类小于 Melitz 无扭曲情形下的产品种类。并且，市场化改革对产品种类数目的影响是负向的。这意味着随着市场化改革程度的深化，产品种类数目变小。原因在于市场化改革强化了贸易自由化提高国内市场的临界生产率的效应，使进入国内市场的企业数量减少。

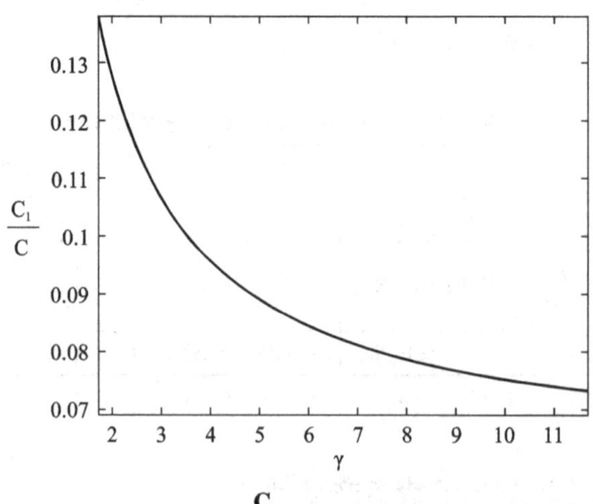

图 6-5 $\frac{C_1}{C}$与市场化改革

另外，数值计算的结果如表 6-5 所示。当市场化指数 γ 分别取 1.72、4.29、5.47、7.11 和 11.71 时，相应的消费者可消费的产品种类 C_1 分别为 0.0592、0.0400、0.0371、0.0347、0.0314，说明存在市场扭曲时，国内消费者可消费的产品种类数目远远低于 Melitz 无市场扭曲情形。此外，随着市场化改革的深化，消费者可消费的产品种类单调递减，其递减幅度同样在初始和高水平的市场化改革阶段中较大。当市场化改革处于中间水平阶段时，其降低产品种类的效应相对而言较小。

表 6-5　市场化改革对消费者可消费的产品种类的影响

变量含义	市场化进程指数与产品种类变动					
市场化进程指数 γ	1.72	4.29	5.47	7.11	11.71	Melitz 市场无扭曲情形时
消费者可消费的产品种类 C_1	0.0592	0.0400	0.0371	0.0347	0.0314	0.4291
C_1 的降幅	—	32.43%	7.25%	6.469%	9.51%	—

注：参数赋值为 k=4.25；σ=4；τ=1.83；f_x=0.545；f_e=0.2；f=1。

四、市场化改革与产品差异化程度

通过推导得到，在 Melitz（2003）无扭曲和存在市场扭曲情形时，产品差异化程度分别为 D 和 D_1，如式（6-19）和式（6-20）所示。

$$D=\frac{k-\sigma}{k}\left(\frac{k}{k-(\sigma-1)}\right)^{\frac{1}{\rho}}\left\{\left[\frac{\tau^{-k}\left(\frac{f_x}{f}\right)^{\frac{-k}{\sigma-1}}}{1+\tau^{-k}\left(\frac{f_x}{f}\right)^{\frac{-k}{\sigma-1}}}\right]^{1-\rho}\left[\frac{\tau^{-k}\left(\frac{f_x}{f}\right)^{\frac{\sigma-k}{\sigma-1}}}{1+\tau^{-k}\left(\frac{f_x}{f}\right)^{\frac{\sigma-k}{\sigma-1}}}\right]^{\rho}+\left[\frac{1}{1+\tau^{-k}\left(\frac{f_x}{f}\right)^{\frac{-k}{\sigma-1}}}\right]^{1-\rho}\left[\frac{1}{1+\tau^{-k}\left(\frac{f_x}{f}\right)^{\frac{\sigma-k}{\sigma-1}}}\right]^{\rho}\right\}^{\frac{1}{\rho}} \tag{6-19}$$

$$
D_1=\left[\left[\frac{\tau^{\frac{-k}{1-\frac{1}{\gamma}}}\left(\frac{f_x}{f}\right)^{\frac{-k}{(\sigma-1)\left(1-\frac{1}{\gamma}\right)}}}{1+\tau^{\frac{-k}{1-\frac{1}{\gamma}}}\left(\frac{f_x}{f}\right)^{\frac{-k}{(\sigma-1)\left(1-\frac{1}{\gamma}\right)}}}\right]^{1-\rho}\times\right.
$$

$$
\left\{\frac{\tau^{\frac{-k}{1-\frac{1}{\gamma}}}\left(\frac{f_x}{f}\right)^{1-\frac{k}{(\sigma-1)\left(1-\frac{1}{\gamma}\right)}}}{1+\tau^{\frac{-k}{1-\frac{1}{\gamma}}}\left(\frac{f_x}{f}\right)^{1-\frac{k}{(\sigma-1)\left(1-\frac{1}{\gamma}\right)}}}\frac{k-\sigma\left(1-\frac{1}{\gamma}\right)}{k}\left[\frac{k}{k-(\sigma-1)\left(1-\frac{1}{\gamma}\right)}\right]^{\frac{1}{\rho}}\right\}^{\rho}+
$$

$$
\left[\frac{1}{1+\tau^{\frac{-k}{1+\frac{1}{\gamma}}}\left(\frac{f_x}{f}\right)^{\frac{-k}{(\sigma-1)\left(1-\frac{1}{\gamma}\right)}}}\right]^{1-\rho}\times
$$

$$
\left.\left\{\frac{1}{1+\tau^{\frac{-k}{1-\frac{1}{\gamma}}}\left(\frac{f_x}{f}\right)^{1-\frac{k}{(\sigma-1)\left(1-\frac{1}{\gamma}\right)}}}\frac{k-\sigma\left(1-\frac{1}{\gamma}\right)}{k}\left[\frac{k}{k-(\sigma-1)\left(1-\frac{1}{\gamma}\right)}\right]^{\frac{1}{\rho}}\right\}^{\rho}\right]^{\frac{1}{\rho}} \tag{6-20}
$$

对上式 D_1 和 D 进行数值模拟，得到 $D_1>D$，但$\frac{D_1}{D}$随 γ 递减，结果如图 6-6 所示。可以发现，在市场化指数选择的范围内［1.72，11.71］，$D_1>D$。这表明，在两国对称且都有扭曲的情形下，本国产品差异化程度高于 Melitz 无扭曲情形下的产品差异化程度。不过，可以看到的是，随着市场化改革程度的提高，$\frac{D_1}{D}$递减，说明市场化改革对产品差异化程度有负向影响。这是因为随着市场化改革的深化，企业生产和销售行为面临的市场扭曲减小，市场竞争机制得以充分发挥。市场化改革降低了产品差异化程度的作用，也同样证实了市场化改革优化行业层面资源配置效率的作用。

同样地，利用相关参数赋值，我们简单估算了市场化改革对产品差异化效应的影响，如表 6-6 所示。可以看到，当市场化指数 γ 分别取 1.72、4.29、5.47、7.11 和 11.71 时，相应的产品差异化程度分别为 0.9966、0.8909、0.8448、0.7934、0.7008。这表明，如果存在市场扭曲且未实施市场化改革，

本国市场上的临界生产率可能低于外国企业进入本国市场的临界生产率，企业间的生产率差异加大，产品差异化程度反而会高于 Melitz 无扭曲情形的程度。但是，随着市场化改革的深化，市场化改革通过提升企业进入市场的临界生产率，会降低在本国市场销售的企业之间的生产率离散度，这一效应的变化幅度同样呈现较为明显的 U 形特征。

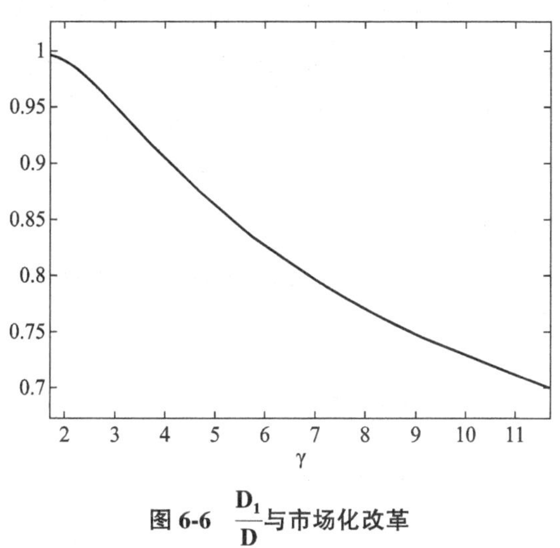

图 6-6　$\frac{D_1}{D}$与市场化改革

表 6-6　市场化改革对产品差异化程度的影响

变量含义	市场化进程指数与产品差异化程度变动					
市场化进程指数 γ	1.72	4.29	5.47	7.11	11.71	Melitz 无市场扭曲情形时
产品差异化程度 D_1	0.9966	0.8909	0.8448	0.7934	0.7008	0.9954
D_1 的降幅	—	10.47%	5.175%	6.084%	11.67%	—

注：参数赋值为 k=4.25；σ=4；τ=1.83；f_x=0.545；f_e=0.2；f=1。

最后，在两国对称且都有扭曲的情形下，本国销售到外国的产品数量等于本国从外国进口的产品数量，从而本国消费的产品总数等于生产的产品总数。因此，两国对称且都有扭曲下的本国贸易条件，等同于 Melitz 无扭曲情形下的贸易条件，即 $B_1 = 1 = B$。

通过上述分析和比较，我们可以得到本书的理论假说8。

理论假说8

在两国对称且存在市场扭曲的情形下，本国消费的产品差异化程度高于Melitz无扭曲情形下的程度，带来贸易福利的上升，贸易条件与Melitz无扭曲的情形相同。然而，本国人均产出和消费的产品种类，总体上低于Melitz无扭曲情形下的水平，拉低了福利水平，也最终导致有扭曲且两国对称情形下的贸易福利低于Melitz无扭曲情形下的贸易福利。另外，市场化改革对贸易福利各细分部分的具体影响是：市场化改革会提升国内的人均产出，降低产品种类效应和产品差异化程度，对贸易条件并不产生直接影响。

本章小结

根据本书的理论模型和数理分析，本章在企业异质性贸易理论框架中，系统评估了中国对内的市场化改革与对外开放，对中国总体贸易利得及细分部分的影响。归纳起来，本章结论主要包括以下三个方面。

第一，在两国对称且存在市场扭曲的模型假设下，不论是封闭情形还是开放情形中，企业进入国内市场的临界生产率始终小于无市场扭曲的水平，但是市场化改革的深化会将其提升至无市场扭曲水平。企业进入出口市场的临界生产率会随着市场化改革程度的提高存在先下降后上升的趋势。然而，市场化改革对国内市场临界生产率的提升效应大于对出口市场临界生产率的影响效应，因而有利于降低出口与非出口企业间的生产率差异，优化资源配置效率。

第二，在两国对称且存在市场扭曲的模型假设下，开放情形下的消费者福利损失大于封闭均衡情形下的消费者福利损失。但是，不论是在开放情形还是封闭情形中，市场化改革均有利于提升消费者福利，使消费者福利不断接近无扭曲情形时的消费者福利水平。尤其在开放情形下，市场化程度深化带来的消费者福利的改善幅度大于封闭情形。这说明，对于提高消费者福利而言，中国对内改革与对外开放是相辅相成的。

第三，在两国对称且存在市场扭曲的情形下，本国消费的产品差异化程度高于 Melitz 无扭曲情形下的程度，带来贸易福利的上升，贸易条件与 Melitz 无扭曲的情形相同。然而，本国人均产出和消费的产品种类总体上低于 Melitz 无扭曲情形下的水平，拉低了福利水平，也最终导致有扭曲且两国对称情形下的贸易福利低于 Melitz 无扭曲情形下的贸易福利。另外，市场化改革对贸易福利各细分部分的具体影响是：市场化改革会提升国内的人均产出，降低产品种类效应和产品差异化程度，对贸易条件并不产生直接影响。

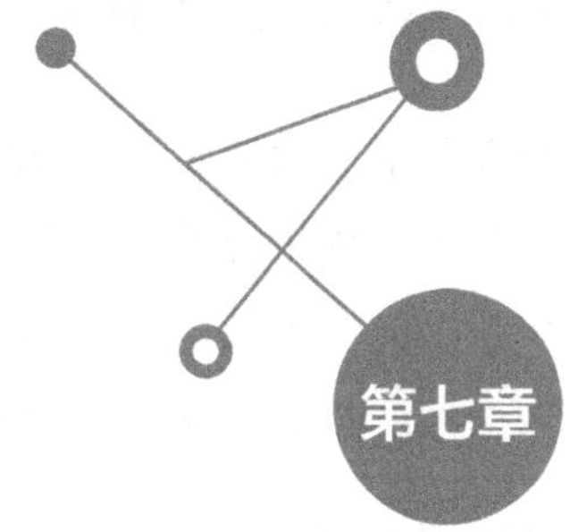

第七章 结论、政策建议与研究展望

在改革开放过程中，正是因为一系列对外开放的标志性政策和关键性事件，直接或间接地推动了中国经济的改革和发展。在准确测度中国制造业资源配置效率的基础上，剖析中国对内改革和对外开放对资源配置效率的协同影响，有利于理解中国改革开放政策对区域经济、社会和技术发展产生的影响，并正确把握中国改革开放带来的经济福利。

本书以1999—2013年中国工业企业数据库为基础，在企业异质性贸易理论模型的框架下，全面、系统地考察了市场化改革和贸易自由化对企业生产行为、行业生产率、资源配置效率及贸易福利的影响，从而得到了较有说服力的研究结论。本章将对前文的研究进行归纳总结，概括本书的主要结论，并在此基础上阐释相应的政策含义。

第一节 本书的主要结论

一、最终品贸易自由化与市场化改革对资源配置效率的协同影响

（一）市场化改革在企业间发挥了正向的资源再配置作用

根据拓展后的企业异质性贸易模型，不论是在封闭均衡还是开放均衡中，市场化改革都会导致企业进入国内、国外市场的临界生产率升高，促

进生产率较低的企业退出市场，资源从退出的低生产率企业流向高生产率企业，发挥正向的企业间资源再配置作用。中国1999—2007年企业层面微观数据证实了理论模型的假说：市场化改革的确促进了企业进入国内、国外市场的临界生产率，降低了企业间TFPR离散度，发挥了正向的资源再配置作用。

（二）最终品贸易自由化强化了市场化改革的资源再配置效应

根据理论模型，最终品关税削减提升了企业进入国内市场的临界生产率，却降低了企业进入出口市场的临界生产率，从而有效降低出口与非出口企业的生产率差异。然而，市场化改革会导致企业进入国内、国外市场的临界生产率升高。因此，一方面，市场化改革通过提升企业进入出口市场的临界生产率，弱化了贸易自由化优化资源配置效率的作用；另一方面，贸易自由化通过提升企业进入国内市场的临界生产率，强化了市场化改革优化资源配置的效率。在解决内生性问题、改变关键指标等稳健性检验之后，这一结果仍是稳健的。

（三）“临界生产率”和“企业间生产率差异”渠道机制的存在性

利用倾向得分匹配方法，并基于中介效应模型进行机制分析的结果表明，最终品关税削减与市场化改革，通过影响“临界生产率”和“出口与非出口企业间生产率差异”这两个渠道，显著提升了企业间的资源再配置效率。具体而言，最终品关税下降与市场化改革，一方面共同提高了企业进入国内市场的临界生产率；另一方面通过影响出口市场临界生产率，协同降低了出口与非出口企业间的生产率差异，这不仅迫使低生产率企业退出市场，还优化了企业间的市场资源配置，从而降低了企业间的TFPR离散度。

（四）资源配置效率的动态分解结果

通过利用MP方法对总体生产率的分解发现，最终品贸易自由化与市场化改革通过提高市场份额再配置效率和存续企业生产率水平，显著提升了总体生产率。此外，最终品贸易自由化与市场化改革降低了企业进入市场的生产率效应，并促使低生产率企业退出市场，这也就较好地解释了最终品贸易自由化与市场化改革是如何降低企业间 TFPR 离散度的。

二、中间品贸易自由化与市场化改革对资源配置效率的协同影响

（一）市场化改革强化了中间品贸易自由化的资源再配置效应

基于中国渐进式的改革开放背景，本书通过构建地区层面的中间品关税指标，并采取双重差分方法克服了潜在的内生性问题之后，估计结果表明，中间品关税削减有效地提升了企业间的资源再配置效率。并且，在市场化进程较高的地区，中间品关税优化资源配置的效应愈加显著。这是因为市场化改革通过缓解企业面临的市场扭曲，加剧市场竞争，迫使低生产率企业退出市场，提高了企业进入国内市场的临界生产率，因而强化了中间品关税优化资源配置效率的效应。

（二）对不同样本估计的异质性结果

从不同样本的估计结果得到，中间品关税下降与市场化改革的交互作用降低私营企业 TFPR 离散度的影响效应最为显著，国有企业次之，反而扩大了外资企业间的 TFPR 离散度。东部、中部、西部地区子样本的回归结果显示，中间品关税下降与市场化改革对东部地区的资源配置效率影响最为显著，中部地区次之，西部地区受到地理位置限制，对西部地区的资源配置效率影响较弱。此外，中间品贸易自由化与市场化改革同样显著地影响了技术密集型和劳动密集型行业的资源配置效率。

（三）从微观机制渠道分析结果

机制分析表明，中间投入品关税削减与市场化改革主要通过以下三种渠道优化了资源在微观企业间的配置效率。第一，中间投入品关税削减与市场化改革协同提升了高生产率企业进入市场的概率，以及企业退出市场的概率，加速了有限要素资源在企业间的调整。第二，中间投入品关税减让与市场化改革协同提高了企业从事研发活动的积极性，提升了企业的生产率水平。第三，中间投入品关税减让与市场化改革协同提升了企业投入要素的边际产品价值，并降低了企业间投入要素的边际产品价值离散度。

（四）对地区层面资源配置效率及组成部分的估计结果

将行业层面的TFPR离散度加权到地区层面发现，中间品贸易自由化与市场化改革对区域层面的资源配置效率同样存在互补性，即中间品关税降低显著优化了总体区域层面的资源配置效率，这一效果在市场化改革程度更高的地区更加显著。对地区城市层面的资源配置效率进行分解的估计结果显示，中间品关税的削减主要促进了地区内产业结构的调整，进而优化了资源配置。最终品关税削减带来的激烈竞争，则显著地加快了资源在地区间和持续存在的产业间的调整。

三、市场化改革对贸易福利的影响

（一）提升企业进入国内市场的生产率临界值，缩小企业间的生产率差异

在两国对称且存在市场扭曲的模型假设下，不论是封闭情形还是开放情形，企业进入国内市场的临界生产率始终小于无市场扭曲的水平，但是市场化改革的深化会将其提升至无市场扭曲水平。企业进入出口市场的临界生产率会随着市场化改革程度的提高存在先下降后上升的趋势。然而，市场化改革对国内市场临界生产率的提升效应大于对出口市场临界生产率的提升效应，因而有利于降低出口与非出口企业间的生产率差异，优化资源配置效率。

（二）改善整体消费者福利

在两国对称且存在市场扭曲的模型假设下，开放情形下的消费者福利损失大于封闭均衡情形下的消费者福利。但是，不论是在开放情形还是封闭情形中，市场化改革均有利于提升消费者福利，使消费者福利不断接近无扭曲情形时的消费者福利水平。尤其在开放情形下，市场化程度深化带来的消费者福利的改善幅度大于封闭情形。这说明，对于提高消费者福利而言，中国对内改革与对外开放是相辅相成的。

（三）对福利细分部分的多样化影响

在两国对称且存在市场扭曲的情形下，本国消费的产品差异化程度高

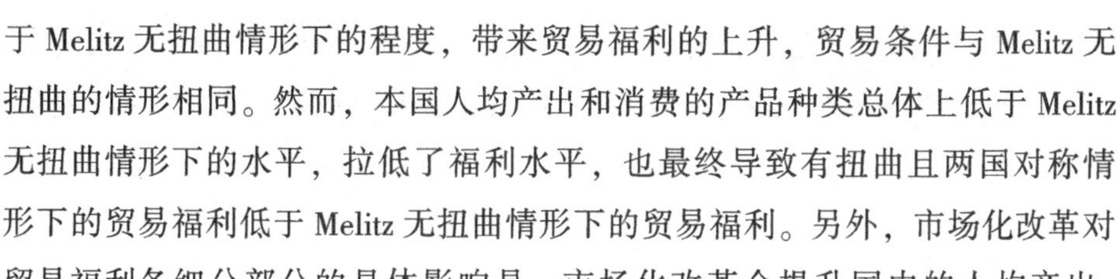

于 Melitz 无扭曲情形下的程度，带来贸易福利的上升，贸易条件与 Melitz 无扭曲的情形相同。然而，本国人均产出和消费的产品种类总体上低于 Melitz 无扭曲情形下的水平，拉低了福利水平，也最终导致有扭曲且两国对称情形下的贸易福利低于 Melitz 无扭曲情形下的贸易福利。另外，市场化改革对贸易福利各细分部分的具体影响是：市场化改革会提升国内的人均产出，降低产品种类效应和产品差异化程度，对贸易条件并不产生直接影响。

第二节　政策建议

结合本书的理论与实证分析，我们可以得出以下政策建议。

一、大力推进国内市场化改革

以市场化改革为方向的经济转型给中国带来了举世瞩目的经济成就。改革开放的本质是市场化。在这一转型过程中，大量国有企业资源重新被分配给私营企业，极大地焕发了经济主体的活力与创造力。

（一）进一步发挥市场优化资源配置效率的作用

本书的理论与研究结果证实了中国对内市场化改革的必要性与合理性。从总体上看，市场化改革有利于减弱市场扭曲，改善企业层面的资源再配置效率，提升总体生产率水平。当市场竞争不完全时，不论是在封闭情形还是开放情形下，市场化改革均通过缓解企业生产活动面临的市场扭曲，有利于高生产率企业的生产扩张活动，加剧与低生产率企业的市场竞争，促使更多资源从低生产率企业流向高生产率企业，有效提升总体生产率水平和企业间的资源配置效率，改善消费者福利。

因此，大力推进国内市场化改革，减弱市场扭曲程度，实现有限资源在企业间的自由流动，仍然是提升生产率水平的重要对内措施。与此同时，新时代的贸易转型更需要消除经济中市场扭曲产生的资源误置，以增加人均产出、改善贸易条件、增加消费产品种类，最终恢复和达到开放应有的获利水平。鉴于此，继续推进和深化国内市场化改革对于实现经济发展方式转变、提升我国生产率水平、促进经济可持续发展具有重大的意义。进一步完善、健全社会主义市场经济体系，充分发挥市场配置资源的决定性作用，仍应是中国对内改革的重要内容。

（二）统筹区域间市场化改革的平衡发展

本书研究显示，中国区域间的资源配置效率仍存在较大差异，这与中国市场化进程在地区间发展的不平衡性紧密相关。尽管在过去的40多年中，市场化改革取得了显著的成绩，但仍存在诸多问题，如市场化改革在地区之间存在巨大的不平衡性，西部地区的市场化改革进程明显落后于东部沿海地区，西部地区的市场化转型具有更大的提升空间。市场化进程差异不仅直接影响了地区间与地区内资源配置效率的差异，还间接影响了贸易自由化在地区间的非对称传导效应。因此，加强西部地区的市场化改革，加快国内一体化市场的进程，统筹区域间市场化改革的协调发展，减少省、区、市间的地方贸易壁垒，保障地区间劳动力、资本等要素的无障碍流通，对于优化区域内、区域间的资源配置，实现区域经济快速、协调发展具有重要的现实意义。

二、继续深化贸易自由化改革

中国40多年改革开放给人们提供了许多弥足珍贵的启示，其中最重要的一条就是，一个国家、一个民族要振兴，就必须在历史前进的逻辑中前进、在时代发展的潮流中发展。

（一）不断推动发展更高层次的开放型经济

本书的研究表明，最终品贸易自由化带来的竞争效应促进了企业的更替，缩小了出口与非出口企业间的生产率差异，优化了市场的资源配置效率。贸易自由化便利了企业进口中间投入要素，不仅节约了企业的生产成本，带来投入要素种类范围的扩大和质量的提升，而且有助于激励企业从事研发创新，提升总体生产率水平。不难看出，贸易自由化给中国制造业的资源配置和中国经济的快速增长带来了巨大的好处。为了持续优化国内市场的资源配置效

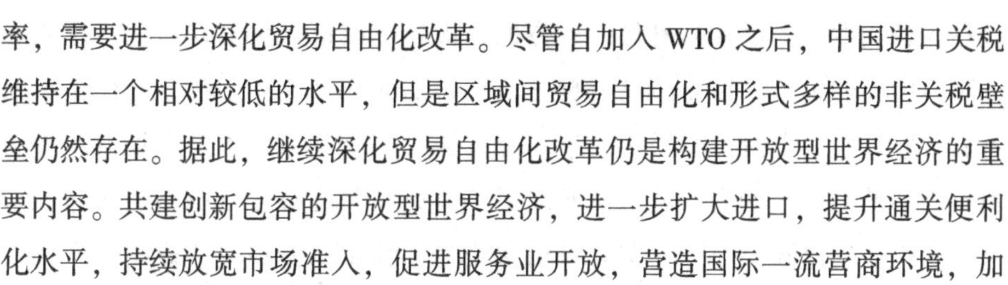

率，需要进一步深化贸易自由化改革。尽管自加入WTO之后，中国进口关税维持在一个相对较低的水平，但是区域间贸易自由化和形式多样的非关税壁垒仍然存在。据此，继续深化贸易自由化改革仍是构建开放型世界经济的重要内容。共建创新包容的开放型世界经济，进一步扩大进口，提升通关便利化水平，持续放宽市场准入，促进服务业开放，营造国际一流营商环境，加快自由贸易区建设，推动多边和双边合作深入发展，无疑将为中国经济发展注入新的活力，带来新的机遇。

（二）区分不同贸易自由化形式的效应

本书的理论与实证结果表明，最终品、中间品关税削减这两种不同的贸易自由化形式，与国内市场化改革效应的互动，对资源配置效率的影响是不同的。市场化改革削弱了最终品贸易自由化配置资源效率的效应，却强化了中间品关税减让配置资源的效应。这是因为不同贸易自由化形式带来的效应是存在差异的，如最终品贸易自由化带来的更多是竞争效应，而中间品贸易自由化则更多的是为企业提供了多样化的、优质投入要素的便利性。除此之外，贸易自由化还存在多种多样的形式，可以在多方面影响企业的生产行为。例如，放宽市场准入，加快自由贸易试验区的深化改革创新，推动共建“一带一路”等多边和双边区域合作的深入发展。在不同地区，因地制宜地结合不同贸易自由化形式与国内市场化改革政策，可能会最大限度地优化资源配置效率，提升中国制造业企业的生产率。

三、统筹对内市场化改革与对外开放

贸易自由化与国内市场化改革必须同步推进，在范围、程度、措施上进行相应的匹配，并辅以其他政策，扬长避短，这样才可以最大化地实现贸易自由化带来的贸易利益。否则，国内市场的扭曲不仅会弱化贸易自由化改善资源配置的功能，甚至会导致贸易利得的损失。

（一）优化资源配置效应的对立与统一

本书的理论模型证实，在配置资源效应方面，市场化改革与贸易自由化

既存在替代性，也存在互补性。一方面，市场化改革与贸易自由化对企业进入国内市场的生产率临界值具有提升作用，从而相互放大了各自优化资源配置的效应。另一方面，市场化改革同时也提升了企业进入出口市场或从事研发创新活动的生产率临界值，从而削弱了最终品关税减让缩小出口与非出口企业间生产率差异及中间品贸易自由化降低高技术、低技术企业间生产率差异的效应。因此，在配置资源时，应注意扬长避短，辅以其他政策，如在出口市场上，实行出口退税与补贴政策降低企业出口的临界生产成本，可以最大化地发挥市场化改革与贸易自由化资源配置的效应。

（二）消费者福利改善效应的相辅相成

本书通过数值模拟分析发现，在两国对称且存在市场扭曲的模型假设下，开放情形下的消费者福利损失大于封闭均衡情形下的消费者福利损失。这说明，在国内市场存在扭曲的情形下，贸易政策可能无法缓解资源误置，提升贸易福利。只有在纠正国内市场上存在的扭曲偏误后，贸易自由化才能发挥其优化资源配置效率、增加贸易利得的功能。

与此同时，不论是在开放情形还是封闭情形中，市场化改革均有利于提升消费者福利，使消费者福利不断接近无扭曲情形时的消费者福利水平。尤其在开放的情形下，市场化程度深化带来的消费者福利的改善幅度大于封闭情形。这说明，对于提高消费者福利而言，中国对内市场化改革与对外开放是相辅相成的。因此，在当前中国积极主动举办国际进口博览会，扩大进口，顺应国内消费升级趋势的同时，应坚持毫不动摇地深化国内市场的改革，这样才能最大化地提升消费者福利。

第三节 研究展望

由于作者掌握的方法和数据资料的局限性，本书的研究还在多个方面存在进一步完善的空间，后续研究将可能在以下三个方面进行拓展。

一、采用可变替代弹性效用函数

将理论模型进一步拓展到可变替代弹性（VES）效用函数。假设 CES 效用函数，所有企业的加成是固定不变的，因此就无法观察到市场化改革和贸易自由化在影响企业加成率方面的互动效应。内生可变成本加成不仅更加契合现实，也能揭示出更加丰富的福利内涵。如果能够考察市场化改革与贸易自由化对成本加成的影响，将有利于理解市场化改革和贸易开放带来的福利分配，如市场化改革是怎样影响节约的贸易成本在消费者与生产者之间的非对称性传导的。

二、纳入服务业部门进行均衡分析

本书的理论模型与经验研究仅仅考察了市场化改革对制造业部门的资源配置效率和贸易福利的影响。然而，中国当前出现的许多结构上的问题实质上是由地区、企业的资源错配而引致的。随着服务业在经济发展中的地位日益凸显，对外开放的力度也越来越大，探讨市场化改革和对外开放对服务业、服务业与制造业间的资源配置影响尤为重要。与此同时，若纳入区域间的劳动力和投入要素的自由流动，同时分析贸易自由化和市场化改革对产品市场和要素市场的资源配置效率影响，将为系统性地解释资源配置效率对转型国家整体经济的影响提供可能。

三、引入企业动态决策过程

企业异质性贸易模型未考虑企业跨期决策的影响，因此本书也仅在静态环境下分析了市场化改革和贸易自由化对企业间资源配置效率的影响，更多地侧重于对在位企业间“内涵型错配”的研究。然而，市场扭曲情形的存在不仅会对在位企业间的资源配置产生影响，而且会直接影响企业的进入、退出决策。企业的自身生产率演化与资源配置是相互影响、紧密相关的，因此，需要用动态发展的观点考察资源误置问题（Peters，2013）。

参考文献

[1] 曹春方，周大伟，王元芳．晋升压力、资源配置与地方国企募资变更［J］．审计与经济研究，2015（1）：93-104.

[2] 陈敏，桂琦寒，陆铭，等．中国经济增长如何持续发挥规模效应——经济开放与国内商品市场分割的实证研究［J］．经济学（季刊），2007，7（1）：125-150.

[3] 陈永伟，胡伟民．价格扭曲、要素错配和效率损失：理论和应用［J］．经济学（季刊），2011，10（4）：1401-1422.

[4] 陈晓光．增值税有效税率差异与效率损失——兼议对“营改增”的启示［J］．中国社会科学，2013（8）：67-84.

[5] 陈雯，苗双有．中间品贸易自由化与中国制造业企业生产技术选择［J］．经济研究，2016（8）：72-85.

[6] 杜艳，周茂，李雨浓．贸易自由化能否提高中国制造业企业资源再配置效率——基于中国加入 WTO 的倍差法分析［J］．国际贸易问题，2016（9）：38-49.

[7] 高同彪．中国经济市场化改革的区域效应研究［D］．长春：东北师范大学，2011.

[8] 樊纲，王小鲁，马光荣．中国市场化进程对经济增长的贡献［J］．经济研究，2011（9）：4-16.

[9] 范冬梅，黄汉民，钱学锋．中国制造业资源配置效率的重新估算——一个改进 HK 模型方法的应用［J］．中南财经政法大学学报，2019（1）：18-27.

[10] 耿伟，廖显春．贸易自由化、市场化改革与企业间资源配置——基于生

产率分布离散度的视角［J］. 国际贸易问题，2017（4）：166-176.

［11］耿伟，廖显春 . 要素市场扭曲与企业内资源配置——基于多产品企业核心产品出口比重的研究［J］. 财贸经济，2017，38（10）：146-160.

［12］耿伟，魏荣 . 贸易自由化、市场化改革与企业间加成率分布［J］. 国际经贸探索，2018，34（11）：42-60.

［13］龚关，胡关亮 . 中国制造业资源配置效率与全要素生产率［J］. 经济研究，2013（4）：4-15.

［14］简泽，干春晖，余典范 . 银行部门的市场化、信贷配置与工业重构［J］. 经济研究，2013（5）：112-127.

［15］蒋为 . 增值税扭曲、生产率分布与资源误置［J］. 世界经济，2016，39（5）：54-77.

［16］蒋殿春，张宇 . 经济转型与外商直接投资技术溢出效应［J］. 经济研究，2008（7）：26-38.

［17］柯善咨，郭素梅 . 中国市场一体化与区域经济增长互动：1995—2007 年［J］. 数量经济技术经济研究，2010（5）：62-72.

［18］李春顶 . 中国出口企业是否存在"生产率悖论"：基于中国制造业企业数据的检验［J］. 世界经济，2010（7）：64-81.

［19］李鲁，王磊，邓芳芳 . 要素市场扭曲与企业间生产率差异：理论及实证［J］. 财经研究，2016，42（9）：110-120.

［20］刘啟仁，黄建忠 . 企业税负如何影响资源配置效率［J］. 世界经济，2018，41（1）：78-100.

［21］罗德明，李晔，史晋川 . 要素市场扭曲、资源错置与生产率［J］. 经济研究，2012（3）：4-14.

［22］鲁晓东，连玉君 . 中国工业企业全要素生产率估计：1999—2007［J］. 经济学（季刊）2012，11（2）：541-558.

［23］毛海涛，钱学锋，张洁 . 企业异质性、贸易自由化与市场扭曲［J］. 经济研究，2018（2）：170-184.

［24］毛其淋，盛斌 . 对外经济开放、区域市场整合与全要素生产率［J］. 经

济学（季刊），2011，11（1）：181-210.

[25] 毛其淋，许家云．中间品贸易自由化、制度环境与生产率演化［J］．世界经济，2015（9）：80-106.

[26] 毛其淋．要素市场扭曲与中国工业企业生产率——基于贸易自由化视角的分析［J］．金融研究，2013a（2）：156-169.

[27] 毛其淋．贸易自由化、异质性与企业动态：对中国制造业企业的经验研究［D］．天津：南开大学，2013.

[28] 聂辉华，贾瑞雪．中国制造业企业生产率与资源误置［J］．世界经济，2011（7）：27-42.

[29] 马光荣．制度、企业生产率与资源配置效率——基于中国市场化转型的研究［J］．财贸经济，2014（8）：104-114.

[30] 钱学锋，蔡庸强．资源误置测度方法研究述评［J］．北京工商大学学报（社会科学版），2014（3）：116-126.

[31] 钱学锋，范冬梅，黄汉民．进口竞争与中国制造业企业的成本加成［J］．世界经济，2016a（3）：71-94.

[32] 钱学锋，毛海涛，徐小聪．中国贸易利益评估的新框架——基于双重偏向型政策引致的资源误置视角［J］．中国社会科学，2016（12）：83-108.

[33] 钱学锋，潘莹，毛海涛．出口退税、企业成本加成与资源误置［J］．世界经济，2015（8）：80-106.

[34] 钱学锋，王胜，陈勇兵．中国的多产品出口企业及其产品范围：事实与解释［J］．管理世界，2013（1）：9-27.

[35] 曲玥．中国工业企业的生产率差异和配置效率损失［J］．世界经济，2016（12）：121-142.

[36] 田荣华．贸易开放、国内市场化进程与资源误置——基于系统 GMM 的经验研究［J］．中南财经政法大学学报，2015（2）：103-109.

[37] 田巍，余淼杰．中间品贸易自由化和企业研发：基于中国数据的经验分析［J］．世界经济，2014（6）：90-112.

[38] 谭洪波．中国要素市场扭曲存在工业偏向吗——基于中国省级面板数据

的实证研究［J］. 管理世界，2015（12）：96-105.

［39］施炳展，冼国明. 要素价格扭曲与中国工业企业出口行为［J］. 中国工业经济，2012（2）：47-56.

［40］施炳展，张夏. 中国贸易自由化的消费者福利分布效应［J］. 经济学（季刊），2017，16（4）：1421-1448.

［41］盛斌，毛其淋. 贸易开放、国内市场一体化与中国省际经济增长：1985—2008 年［J］. 世界经济，2011（11）：44-66.

［42］孙元元，张建清. 中国制造业省际间资源配置效率演化：二元边际的视角［J］. 经济研究，2015（10）：89-103.

［43］孙元元，张建清. 市场一体化与生产率差距：产业集聚与企业异质性互动视角［J］. 世界经济，2017（4）：81-106.

［44］孙浦阳，蒋为，张龑. 产品替代性与生产率分布——基于中国制造业企业数据的实证［J］. 经济研究，2013（4）：30-42.

［45］杨汝岱. 中国制造业企业全要素生产率研究［J］. 经济研究，2015（2）：61-74.

［46］余淼杰. 加工贸易、企业生产率和关税减免——来自中国产品面的证据［J］. 经济学（季刊），2011（4）：1251-1280.

［47］杨振，陈甬军. 中国制造业资源误置及福利损失测度［J］. 经济研究，2013（3）：43-55.

［48］袁志刚，解栋栋. 中国劳动力错配对 TFP 的影响分析［J］. 经济研究，2011（7）：4-17.

［49］吴利学，叶素云，傅晓霞. 中国制造业生产率提升的来源：企业成长还是市场更替［J］. 管理世界，2016（6）：22-39.

［50］王永进，刘灿雷. 国有企业上游垄断阻碍了中国的经济增长——基于制造业数据的微观考察［J］. 管理世界，2016（6）：10-21.

［51］王小鲁，樊纲，刘鹏. 中国经济增长方式转换和增长可持续性［J］. 经济研究，2009（1）：44-47.

［52］谢千里，罗斯基，张轶凡. 中国工业生产率的增长与收敛［J］. 经济学

（季刊），2008，7（3）：809-826.
[53] 张杰，周晓艳，郑文平，等．要素市场扭曲是否激发了中国企业出口[J]. 世界经济，2011（8）：134-160.
[54] 张杰，周晓艳，李勇．要素市场扭曲抑制了中国企业 R&D [J]. 经济研究，2011（8）：78-91.
[55] 张杰，张培丽，黄泰岩．市场分割推动了中国企业出口吗 [J]. 经济研究，2010，45（8）：29-41.
[56] 周浩，郑筱婷．交通基础设施质量与经济增长：来自中国铁路提速的证据 [J]. 世界经济，2012（1）：78-97.
[57] 周茂，陆毅，符大海．贸易自由化与中国产业升级：事实与机制 [J]. 世界经济，2016（10）：78-102.
[58] 张天华，张少华．中国工业企业全要素生产率的稳健估计 [J]. 世界经济，2016（4）：44-69.
[59] 张天华，陈力，董志强．高速公路建设、企业演化与区域经济效率[J]. 中国工业经济，2018（1）：79-99.
[60] 张志强．微观企业全要素生产率测度方法的比较与应用 [J]. 数量经济技术经济研究，2015（12）：107-123.
[61] Ackerberg D A，Caves K，Frazer G. Identification Properties of Recent Production Function Estimators [J]. Econometrica，2015，83（6）：2411-2451.
[62] Atkeson A，Burstein A T. Innovation，Firm Dynamics and International Trade [J]. Journal of Political Economy，2010，118（3）：433-484.
[63] Arkolakis C，A Costinot，A Rodriguez-Clare. New Trade Models，Same Old Gains [J]. American Economic Review，2012，102（1），94-130.
[64] Amiti M，Konings J. Trade Liberalization，Intermediate Inputs and Productivity：Evidence from Indonesia [J]. American Economic Review，2007，97（5）：1611-1638.
[65] Amiti M，Khandelwal A K. Import Competition and Quality Upgrading

[J]. Review of Economics and Statistics, 2013, 95 (2): 476-490.

[66] Bartelsman E J, Haltiwanger J, Scarpetta S, et al. Cross-Country Differences in Productivity: The Role of Allocation and Selection [J]. The American Economic Review, 2013, 103 (1): 305-334.

[67] Banerjee A V, Moll B. Why Does Misallocation Persist [J]. American Economic Journal Macroeconomics, 2010, 2 (1): 189-206.

[68] Bernard A B, J Eaton, J B Jenson, et al. Plants and Productivity in International Trade [J]. American Economic Review, 2003, 93 (4), 1268-1290.

[69] Bas M, Berthou A. Does Input-trade Liberalization Affect Firms Foreign Technology Choice [J]. World Bank Economic Review, 2016, 31 (2): 1-62.

[70] Brandt L, Tombe T, Zhu X, et al. Factor Market Distortions Across Time, Space and Sectors in China [J]. Review of Economic Dynamics, 2013, 16 (1): 39-58.

[71] Behrens K, Murata Y. Trade, Competition and Efficiency [J]. Journal of International Economics, 2012, 87 (1): 1-17.

[72] Behrens K, Murata Y. Globalization and Individual Gains from Trade [J]. Journal of Monetary Economics, 2012, 59 (8): 703-720.

[73] Bento P, Restuccia D. Misallocation, Establishment Size and Productivity [J]. American Economic Journal: Macroeconomics, 2017, 9 (3): 267-303.

[74] Buera F J, Kaboski J P, Shin Y, et al. Finance and Development: A Tale of Two Sectors [J]. The American Economic Review, 2011, 101 (5): 1964-2002.

[75] Bustos P. Trade Liberalization, Exports and Technology Upgrading: Evidence on the Impact of Mercosur on Argentinian Firms [J]. The American Economic Review, 2011, 101 (1): 304-340.

[76] David J M, Hopenhayn H A, Venkateswaran V, et al. Information, Misallocation and Aggregate Productivity [J]. Quarterly Journal of Economics, 2016, 131 (2): 943-1005.

[77] Deardorff A V, Stern R M. What You Should Know About Globalization and the World Trade Organization [J]. Review of International Economics, 2002, 10 (3): 404-423.

[78] Demidova S A, Rodriguez, Clare A. The Simple Analytics of the Melitz Model in a Small Open Economy [J]. Journal of International Economics, 2013, 90 (2): 266-272.

[79] Ding S, Jiang W, Sun P. Import Competition, Dynamic Resource Allocation and Productivity Dispersion: Micro-level Evidence from China [J]. Oxford Economic Papers, 2016, 68 (4): 36.

[80] Dixit, Avinash K, Joseph E. Stiglitz, Monopolistic Competition and Optimum Product Diversity [J]. American Economic Review, 1997, 67 (3): 297-308.

[81] Feenstra R C. Measuring the Gains from Trade Under Monopolistic Competition [J]. Canadian Journal of Economics, 2010, 43 (1): 1-28.

[82] Feenstra R C. Gains from Trade Under Monopolistic Competition [J]. Pacific Economic Review, 2016, 21 (1): 35-44.

[83] Foster L, Grim C, Haltiwanger J. Productivity, Regulation, and Allocation: Macro, Industry and Firm-Level Evidence Firm-Level Dispersion in Productivity: Is the Devil in the Details [J]. The American Economic Review, 2016, 106 (5): 95-98.

[84] Garicano L, Lelarge C, Van Reenen J. Firm Size Distortions and the Productivity Distribution: Evidence from France [J]. The American Economic Review, 2016, 106 (11): 3439-3479.

[85] Goldberg P K, Khandelwal A K, Pavcnik, et al. Trade Liberalization and New Imported Inputs [J]. The American Economic Review, 2009, 99

(2): 494-500.

[86] Goldberg P K, Khandelwal A K, Pavcnik N, et al. Imported Intermediate Inputs and Domestic Product Growth: Evidence from India [J]. Quarterly Journal of Economics, 2010, 125 (4): 1727-1767.

[87] Ghani E, A G Goswami, W R Kerr. Highway to Success: The Impact of the Golden Quadrilateral Project for the Location and Performance of Indian Manufacturing [J]. The Economic Journal, 2016, 126 (591): 317-357.

[88] Guner N, Ventura G, Xu Y. Macroeconomic Implications of Size-Dependent Policies [J]. Review of Economic Dynamics, 2008, 11 (4): 721-744.

[89] Greenwood J, Sanchez J M, Wang C. Quantifying the Impact of Financial Development on Economic Development [J]. Review of Economic Dynamics, 2013, 16 (1): 194-215.

[90] Haltiwanger J. Firm Dynamics and Productivity: TFPQ, TFPR and Demand-Side Factors [J]. Economica, 2016, 17 (1): 3-26.

[91] Holmes, Thomas J, Wen Tai Hsu, et al. Allocative Efficiency, Mark-Ups and the Welfare Gains from Ttrade [J]. Journal of International Economics, 2014, 94 (2): 195-206.

[92] Hsieh C, Klenow P J. Misallocation and Manufacturing TFP in China and India [J]. Quarterly Journal of Economics, 2009, 124 (4): 1403-1448.

[93] Hsieh C, Klenow P J. The Life Cycle of Plants in India and Mexico [J]. Quarterly Journal of Economics, 2014, 129 (3): 1035-1084.

[94] Klette T J, Griliches Z. The Inconsistency of Common Scale Estimators when Output Prices are Unobserved and Endogenous [J]. Journal of Applied Econometrics, 1996, 11 (4): 343-361.

[95] La Porta R, Shleifer A. Informality and Development [J]. Journal of Economic Perspectives, 2014, 28 (3): 109-126.

[96] Levinsohn J, Petrin A. Estimating Production Functions Using Inputs to Control for Unobservables [J]. Review of Economic Studies, 2003, 70 (2),

317-341.

[97] Lerner A P. The Concept of Monopoly and the Measurement of Monopoly Power [J]. Review of Economic Studies, 1934, 1 (3): 157-175.

[98] Lewis W A. Economic Development with Unlimited Supplies of Labour [J]. The Manchester School, 1954, 22 (2): 139-191.

[99] Loecker J D. Product Differentiation, Multiproduct Firms and Estimating the Impact of Trade Liberalization on Productivity [J]. Econometrica, 2011, 79 (5): 1407-1451.

[100] Lu Y, Yu L. Trade Liberalization and Markup Dispersion: Evidence from China's WTO Accession [J]. American Economic Journal: Applied Economics, 2015, 7 (4): 221-253.

[101] Mayer T, Melitz M J, Ottaviano G I, et al. Market Size, Competition and the Product Mix of Exporters [J]. The American Economic Review, 2014, 104 (2): 495-536.

[102] Midrigin V, Xu D. Finance and Misallocation: Evidence from Plant-Level Data [J]. Social Science Electronic Publishing, 2014, 104 (2): 422-458.

[103] Melitz M J. The Impact of Trade on Intra-Industry Reallocations and Aggregate Industry Productivity [J]. Econometrica, 2003, 71 (6): 1695-1725.

[104] Melitz M J, Ottaviano G I. Market Size, Trade and Productivity [J]. The Review of Economic Studies, 2008, 75 (1): 295-316.

[105] Melitz M J, Polanec S. Dynamic Olley-Pakes Decomposition with Entry and Exit [J]. Rand Journal of Economics, 2015, 46 (2): 362-375.

[106] Moll B. Productivity Losses from Financial Frictions: Can Self-Financing Undo Capital Misallocation [J]. The American Economic Review, 2014, 104 (10): 3186-3221.

[107] Olley G S, Pakes A. The Dynamics of Productivity in the Telecommunications Equipment Industry [J]. Econometrica, 1996, 64 (6): 1263-1297.

[108] Pavcnik N. Trade Liberalization, Exit and Productivity Improvements: Evi-

dence from Chilean Plants [J]. Review of Economic Studies, 2002, 69 (1): 245-276.

[109] Restuccia D, Rogerson R. Policy Distortions and Aggregate Productivity with Heterogeneous Plants [J]. Review of Economic Dynamics, 2008, 11 (4): 707-720.

[110] Restuccia D, Rogerson R. The Causes and Costs of Misallocation [J]. Journal of Economic Perspectives, 2017, 31 (3): 151-174.

[111] Rauch J E. Modelling the Informal Sector Formally [J]. Journal of Development Economics, 1991, 35 (1): 33-47.

[112] Syverson C. Product Substitutability and Productivity Dispersion [J]. The Review of Economics and Statistics, 2004, 86 (2): 534-550.

[113] Syverson C. What Determines Productivity [J]. Journal of Economic Literature, 2011, 49 (2): 326-365.

[114] Song Z M, Storesletten K, Zilibotti F, et al. Growing Like China [J]. The American Economic Review, 2011, 101 (1): 196-233.

[115] Topalova P. Factor Immobility and Regional Impacts of Trade Liberalization: Evidence on Poverty from India [J]. American Economic Journal Applied Economics, 2010, 2 (4): 1-41.

[116] Trefler D. The Long and Short of the Canada-U. S. Free Trade Agreement [J]. American Economic Review, 2004, 94 (4): 870-895.

[117] Young A. The Razor's Edge: Distortions and Incremental Reform in the People's Republic of China [J]. Quarterly Journal of Economics, 2000, 115 (4): 1091-1135.

致谢

本书是在我博士学位论文的基础上修改完成的。掩卷沉思，回首在晓南湖畔的过往岁月，感触良多。求学期间，既有日长似岁的孤独感，亦有对岁月流逝的焦虑感，但是在此书出版之际，更多的是历经磨炼之后的感恩与欣喜之情。

首先，我必须要感谢我的导师黄汉民教授对我博士学位论文的设计、实施和撰写的悉心指导。在每一次评阅中，黄老师都会对章节的立意提出深刻的建议，并耐心、细致地指出文章在细节上的错误。黄老师是一位腹载五车、智周万物的学者，更是一位谦逊平和、平易近人的慈父，不仅指导我以新颖的科研视角反思中国经济现象，还教会我从容、乐观的人生观和世界观。在跟随恩师学习的六年时间里，黄老师常常与我们畅谈整个上午或下午，从哲学、历史到科研论文，从个人理想到修身养性。黄老师的谆谆教诲不仅令人如沐春风，更让人深省，意识到自己的不足，激励着我将勤补拙。恩师师表，高山仰止，景行行止，虽不能至，心向往之。

同时，我要诚挚地感谢我的学术启蒙老师钱学锋教授。犹记得我硕士刚入学时，自己作为一名跨专业学生的忐忑与茫然。本着顺利完成毕业论文的初衷，自硕士入学起，我就加入钱老师的学术团队学习计量，他带领我阅读最前沿的学术论文。正是硕士期间跟随钱老师学习的经历，为我工作后重回校园走上学术之路奠定了最坚实的基础。从硕士到博士，是钱老师一直耐心地在学术上给予我细心的教导和鼓励，硕博期间取得的小小成绩无不得益于钱老师无私的帮助，在此十分感恩钱老师的诲人不倦和有教无类。钱老师严谨细致、精益求精的科研态度，严于律己、兢兢业业的工作精神，更是我今后学习和工作的榜样和指明灯。

此外，感谢工商管理学院国际贸易学专业博士生导师组的张建民教授、张华容教授和曹亮教授。他们在论文开题和预答辩中对我的博士学位论文都给予了细致的修改意见，使我受益匪浅。感谢工商管理学院经济贸易系胡宗彪副教授、席艳乐副教授、赵曜副教授、李敬子副教授、陈清目副教授、何祚宇博士、闫文收博士、毛海涛博士和许捷博士。由青年教师和博士生组成的“经贸中南文献分享会”，为贸易系师生之间的交流提供了一个很好的平台，带来了一场场学术盛宴。在参与的过程中，我不仅学习了最前沿的学术成果，也在诸位老师的讨论中拓展了思维。在拟写博士学位论文过程中，李敬子副教授、赵曜副教授在数据处理方面，毛海涛老师在理论模型构建方面都尽心地提供了有益的帮助，在此深表感谢！

另外，十分感恩在博士期间遇到的可爱的同学们，有知心的易会文师姐和王胜师姐，并肩作战的伙伴潘莹、王备，一起运动健身的龚联梅、孔令乾、龙世国、刘钊。尤其是对于博士学位论文，李莹师妹在模型推导、张洁师妹在数值模拟上，都给予了我极大的帮助。真的很幸运结识这样一群优秀的同伴，大家相互学习，相互讨论，奋斗青春，共同成长，是他们给我单调的“三点一线”的博士生活增添了欢乐与色彩。岁月不老，我们不散，这份纯澈质朴之情将会历久弥香！

最后，我要感恩我的父母，是他们一直以来的全力支持才让我心无旁骛地完成博士的学业。尽管他们对我当初辞职读博士的决定无法完全理解，但是他们还是默默地支持我的每一个决定，不计回报地关心和包容我，这成为我倦怠时最大的动力。感谢我的丈夫汪忠铭，他为人踏实、积极向上，有着不断充实自我的毅力与决心，激励着我努力向上。正是他的积极鼓励才让我有足够的信心与勇气面对周围的质疑与不解。

本书获得了江西财经大学出版资助，感谢江西财经大学国贸学院对本书的大力支持。谨以此文，献给一路帮助和支持我的师长、亲人、同学和朋友。

范冬梅

2022 年 7 月